7 LEYES
PARA CAMBIAR TU VIDA

Daniel Rodés

Encarna Sánchez

7 LEYES
PARA CAMBIAR TU VIDA

elaleph.com

Rodés, Daniel
    7 Leyes para cambiar tu vida / Daniel Rodés y Encarna Sánchez. - 1a ed. -
Ciudad Autónoma de Buenos Aires: Elaleph.com, 2013.
    184 p.; 21x15 cm.

    ISBN 978-987-1701-66-7

    1. Autoayuda. I. Sánchez, Encarna   II. Título
    CDD 158.1

contacto@elaleph.com
http://www.elaleph.com

Primera edición

ISBN 978-987-1701-66-7

Hecho el depósito que marca la Ley 11.723

Impreso en el mes de noviembre de 2013 en
Bibliográfika de Voros S.A.
Bucarelli 1160, Buenos Aires, Argentina.

*Agradecemos a todos aquellos seres
que nos han acompañado hasta aquí
y que nos han permitido poder transmitir
una información tan antigua como actual.*

*A los dioses egipcios por su inspiración,
a los maestros y sabios de cuyas fuentes bebimos
y a los alumnos y amigos por animarnos
a poner por escrito estos conocimientos
que veníamos impartiendo oralmente hasta ahora.*

Índice

Introducción
Propósito del libro

Este libro trata de aclarar y detallar los llamados principios herméticos, contenidos en la obra El Kybalión, atribuida, aunque no oficialmente, a Hermes Trismegisto. El significado de estos 7 principios o leyes universales, han despertado el interés de generaciones enteras, si bien el profundo significado de los mismos escapa generalmente a nuestra comprensión. Nuestro propósito es el de explicar de qué manera estos principios herméticos nos muestran el camino de la evolución espiritual del ser humano, detallando una serie de ejercicios, comprensiones y aplicaciones prácticas de los mismos, a fin de que su conocimiento nos sirva para mejorar personalmente en todos los aspectos de la vida y finalmente nos abra la conciencia a una nueva forma de entender la realidad en la que vivimos. El Kybalión trata del estudio de 7 leyes universales que pueden ser aplicadas a todos los niveles de entendimiento. Esta obra pues, trata de explicar con ejemplos y amplias explicaciones qué se esconde detrás de estas frases enigmáticas, encontrando en ellas unas herramientas maravillosas para conocerse mejor a sí mismo y al funcionamiento del mundo que nos rodea.

La comprensión de cómo operan esas leyes nos abrirá, como dice el Kybalión, las puertas del Templo, es decir el Templo de los misterios, la capacidad de poder resolver interrogantes o enigmas de la vida, tales como pudieran ser: ¿por qué unos niños nacen enfermos y otros sanos? ¿Por qué existen las guerras y el sufrimiento? ¿Por qué la diferencia entre riqueza y pobreza? ¿Por qué existe la enfermedad y la muerte? y así sucesivamente. Aplicar esas leyes a nuestra vida será la clave mágica para poder salir del sufrimiento y la angustia, y encontrar finalmente aquello que todo ser humano busca: la paz, el amor y la felicidad.

I
Quien es Hermes Trismegisto

Se conoce bajo este nombre a un personaje mítico que se asoció a una síntesis del dios egipcio Thot, representado por un pájaro Ibis, y en ocasiones por un babuino, y el dios heleno Hermes. Hermes Trismegisto significa en griego "Hermes, el tres veces sabio o grande". A resaltar que ya entre los antiguos egipcios, el número 3 se usaba para representar simbólicamente la infinitud, aquello que no se puede expresar en números, de ahí, que los templos egipcios tuvieran 3 niveles, en los que se inspiraron los masones en sus 3 salones, 3 iniciaciones y 3 grados: aprendiz, compañero, maestro. En resumen, decir Trismegisto, sería en realidad afirmar: "el infinitamente grande".

Según los antiguos egipcios los mismísimos dioses habrían gobernado en el Antiguo Egipto antes que los faraones, civilizándolos con sus enseñanzas. En ellas, Thot era el dios de la sabiduría, creador de la escritura y patrón de los magos, entendiendo como mago aquel ser que consiguió el perfecto dominio de la mente y las emociones, sabiendo extraer su luz interior y el auto control de sí mismo y de todos los elementos; el dominio de todas las leyes espirituales y de la naturaleza. Asimismo, era el guardián y escriba de los registros que contenían el conocimiento de los dioses. Era el sabio que usaba las matemáticas como fuerzas vivas, capaces de restaurar, cambiar y transformar los cuerpos físicos, mentales y emocionales. Conocía las claves numéricas para sanar.

Seshat

Thot tenía una esposa: Seshat, con quien comparte numerosas funciones: ambos son patronos de los escribas, guardianes de los registros y tienen en la mano un pincel y una tableta. Seshat es una mujer joven, vestida con una piel de leopardo al estilo sacerdotal y con una estrella de 7 puntas sobre su cabeza con un arco invertido encima. Símbolo sobre el cual los arqueólogos aun discuten su significado, pues también se afirma que parece una palmera o aún, la planta cannabis, de la que se fabricaban las cuerdas usadas en la construcción. Lo que resulta evidente es su relación con el sagrado número 7 de los principios herméticos de Thot-Hermes.

Ella es la diosa de las ciencias y las matemáticas. Al igual que Thot diseña los planos del templo, inspirando al faraón el lugar donde debía construirse, su orientación con las estrellas, y modo de erigirlo. También predice el destino del faraón y los años de su reinado así como las fiestas de jubileo o Heb-Sed. Seshat escribe el libro de nuestro destino que no es más que el programa de aprendizaje que tenemos en cada vida; su imagen la podemos encontrar en numerosos templos. Ella se encargaba junto a Thot, de la guarda de los registros akashicos, de que la ley de correspondencia actúe sobre las causas grabadas y tengan lugar los acontecimientos de nuestra vida acordes con el diseño del destino.

Clemente de Alejandría estimaba que los egipcios poseían cuarenta y dos escritos sagrados, relacionados con 42 divinidades y los 42 nomos o provincias de Egipto, y que contenían todas las enseñanzas que poseían sus sacerdotes. Más tarde, varias de las características de Thot se asociarían al Hermes de la mitología helenística, incluyendo la autoría de los "cuarenta y dos textos". Hacia el segundo siglo de la era cristiana, se le comenzó a llamar a esta fusión "Hermes Trismegisto", probablemente por cristianos que tenían noticia de los textos egipcios. No obstante, en algún momento la ambigua noción de divinidad se transformó en la de un personaje histórico de los tiempos iniciales de la civilización occidental, al cual además se le atribuyeron otros escritos filosóficos.

Una de las obras atribuidas a Hermes Trismegisto es la llamada Asclepios, donde el propio Hermes aparece como un personaje que dialoga con Asclepios, y cuya conversación se sitúa en el antiguo Egipto. Como curiosidad, añadiremos que en el Asclepios habla Hermes de dioses que están en la Tierra. Al preguntarle Asclepios a Hermes dónde están tales dioses, Hermes le responde que en una montaña de Libia y acto seguido le cambia el tema de conversación. Esos dioses se irán finalmente, y dejarán a la humanidad a su suerte. Uno de estos capítulos se titula "Apocalipsis" y extractamos una selección realmente profética: *¿Acaso ignoras, oh Asclepios, que Egipto es la copia del cielo, o mejor dicho, el lugar desde el que se transfieren y proyectan hacia abajo todas las operaciones que gobiernan y ejecutan las fuerzas celestes? Es más, si decimos toda la verdad, nuestra tierra es el templo del mundo entero. Así pues, puesto que conviene a los sabios conocer de antemano todas las cosas futuras, hay una que es necesario que sepáis. Vendrá un tiempo en que parecerá en que los egipcios hayan adorado en vano a sus dioses... los extranjeros (ára-bes. Nota del autor) llenarán este país, esta tierra y no solo se olvidará el culto sino que aún peor, por pretendidas leyes y bajo amenaza de duros castigos será obligado de abstenerse de toda práctica religiosa, de todo acto de piedad o de todo culto hacia los dioses.* (Esto ya está pasando actualmente donde las autoridades islámicas de Egipto no permiten meditar o rezar en los templos. Nota del Autor)

II
Buscando sus orígenes en Egipto

Dakka

Dos lugares despertaron nuestra atención en la búsqueda de los orígenes de Hermes-Thot en Egipto. En primer lugar, el santuario de Thot en el templo de Dakka, situado en el desierto de Nubia, en el Alto Egipto. En segundo lugar, las ruinas de la ciudad de Hermópolis Magna, situada cerca de El Gouna, en el centro del país, donde aún se conservan los muros de un antiquísimo templo sobre el cual se edificó otro posterior en el periodo helenístico del que se conservan algunas columnas. Allí todavía vive la energía de la sabiduría, el amor al conocimiento. Lugares de poder con vórtices de energía que eleva la vibración del ser humano. Una realidad procedente de otra dimensión.

En el primero, según la mitología egipcia, Thot recibía a la furiosa diosa leona Sejmet a la que conseguía aplacar con su sabiduría. En el segundo, los sacerdotes del templo de Hermópolis, practicaban el uso y manejo de las leyes fundamentales de la vida que expresaban a través de la octoada hermopolitana y que significaba un exacto complemento al trabajo de los sacerdotes de Heliópolis (hoy convertido en un barrio del Cairo) que trabajaban las enseñanzas de la enéada o conjunto de nueve divinidades que permitían desarrollar la comprensión de las diferentes manifestaciones de Dios y su reflejo en el hombre.

Pasemos a relatar el resultado de nuestras experiencias e investigaciones en estos dos lugares:

El templo de Dakka está compuesto del tradicional pilono de entrada, patio o pórtico y el oratorio donde se conserva aún el naos o soporte original de granito rojo en donde se colocaba la estatuilla del dios Thot. En este templo no hay el pasillo de esfinges habitual en la entrada, pero su ubicación, en pleno desierto, le da un aire lleno de misterio y encanto. Su ubicación actual en Wadi el Seboua no es el emplazamiento original dado que fue trasladado allí cuando se construyó la presa de Asuán. Aun así, es un lugar que respira no solo una atmósfera de serena tranquilidad, sino una gran paz y una sensación de ausencia de tiempo, de eterno presente.

Totalmente solos en el templo, nos decidimos a sentarnos en la naos a meditar y tuvimos la fortuna de ser partícipes de una bonita experiencia metafísica, en la que, con los ojos cerrados, vimos cómo se abría ante nosotros un largo túnel y unas escaleras que conducían a una planta superior en que brillaba una intensa luz. Nos concentramos en los atributos del dios Thot: el pájaro Ibis y el babuino, sintiendo que su presencia aun late en ese lugar y nos venía a la mente sus palabras: *Fija tu espíritu en la luz y aprende a conocerla. Desde lo alto Isis inicia su sagrado discurso: Horus, hijo mío, puesto que el cielo de innumerables círculos está superpuesto a todas las cosas de la naturaleza de abajo y puesto que no carece de nada de lo que actualmente contiene el mundo, es sin duda una necesidad que los misterios inferiores cedan ante los misterios más poderosos.* Al terminar la visión y experiencia meditativa salimos del templo, observando con gran sorpresa la aparición de unos halcones volando en círculos a nuestro alrededor. Gradualmente fueron descendiendo hasta posarse en el techo del templo. El halcón, símbolo de Horus, era para nosotros una confirmación de las percepciones y pensamientos recibidos en el templo.

Dakka halcon

Del templo de Hermópolis se conserva una pequeña parte, un par de estatuas de grandes babuinos, situados a la entrada del recinto, y una gran estructura aún pendiente de restaurar sobre la cual se apoyan algunas columnas del periodo helenístico. Aquí fue donde los sacerdotes de Thot dejaron los escritos atribuidos a Hermes Trismegisto.

Entre los tratados atribuidos a Hermes Trismegisto destaca el *Corpus hermeticum*. Se le atribuye también la redacción de la *Tabla de esmeralda*, que fue considerado por los alquimistas, el libro fundacional de la alquimia. Otras de sus obras más destacadas serían el *Poimandres*, el *Kybalión* (en el cual se expresan de forma sintética las leyes del Universo), y ciertos libros de poemas.

La doctrina de Hermes, conocida como Doctrina Hermética, se vio reflejada en su libro más importante, El Kybalion, obra publicada en nuestros días bajo la autoría anónima de "tres iniciados". La base filosófica del libro trata de unas leyes universales que nos enseñan el dominio de las fuerzas de la mente y la transmutación de ciertas vibraciones en otras.

Thot

III
El Kybalion

Los labios de la sabiduría permanecen cerrados,
excepto para el oído capaz de comprender.

Donde quiera que estén las huellas del Maestro,
allí los oídos del que está pronto para recibir sus
enseñanzas se abren de par en par.

Cuando el oído es capaz de oír, entonces vienen los
labios que han de llenarlos con sabiduría.

Los principios de la verdad son siete:
el que comprende esto perfectamente,
posee la clave mágica ante la cual todas las puertas
del Templo se abrirán de par en par.

1. El TODO es Mente; el universo es mental.

2. Como es arriba, es abajo; como es abajo, es arriba.

3. Nada está inmóvil; todo se mueve; todo vibra.

4. Todo es doble, todo tiene dos polos; todo, su par
de opuestos: los semejantes y los antagónicos son

lo mismo; los opuestos son idénticos en naturaleza,
pero diferentes en grado; los extremos se tocan;
todas las verdades son medias verdades,
todas las paradojas pueden reconciliarse.

5. Todo fluye y refluye; todo tiene sus períodos de
avance y retroceso, todo asciende y desciende; todo se
mueve como un péndulo; la medida de su movimiento
hacia la derecha, es la misma que la de su movimiento
hacia la izquierda; el ritmo es la compensación.

6. Toda causa tiene su efecto; todo efecto tiene
su causa; todo sucede de acuerdo a la ley; la suerte
no es más que el nombre que se le da a la ley no
reconocida; hay muchos planos de casualidad,
pero nada escapa a la Ley.

7. La generación existe por doquier; todo tiene su
principio masculino y femenino; la generación se manifiesta en todos los planos.

AXIOMAS HERMÉTICOS

La mente así como todos los metales y demás elementos, pueden ser transmutados, de estado en estado, de grado en grado, de condición en condición, de
polo a polo, de vibración en vibración. La verdadera
transmutación hermética es una práctica, un método,
un arte mental.

Más allá del Cosmos, del Tiempo, del Espacio, de
todo cuanto se mueve y cambia, se encuentra la realidad Substancial, la Verdad Fundamental.

Lo que constituye la Verdad fundamental, la Realidad substancial, está más allá de toda denominación, pero el sabio lo llama el TODO.

En su esencia, el TODO es incognoscible, Mas el dictamen de la razón debe ser recibido hospitalariamente, y tratado con respeto.

El universo es una creación mental sostenida en la mente del TODO.

El TODO crea en su mente infinita, innumerables universos, los que existen durante eones de tiempo, y así y todo, para Él, la creación, desarrollo, decadencia y muerte de un millón de universos no significa más que el tiempo que se emplea en un abrir y cerrar de ojos.

La mente infinita del TODO es la matriz del Cosmos.

En la Mente del Padre-Madre, los hijos están en su hogar.

No hay nadie que no tenga padre y madre en el Universo.

El sabio a medias, reconociendo la irrealidad relativa del Universo, se imagina que puede desafiar sus leyes, ése no es más que un tonto vano y presuntuoso, que se estrellará contra las rocas y será aplastado por los elementos, en razón de su locura. El verdadero sabio conociendo la naturaleza del universo, emplea la Ley contra las leyes: las superiores contra las inferiores, y por medio de la alquimia transmuta lo que no es deseable, en lo valioso y de esta manera triunfa. La maestría consiste, no en sueños anormales, visiones o imágenes fantasmagóricas, sino en el sabio empleo de las fuerzas superiores contra las inferiores vibrando en los más elevados. La transmutación (no la negación presuntuosa), es el arma del Maestro.

Si bien es cierto que todo está en el TODO, no lo es menos que el TODO está en todas las cosas. El que comprende esto debidamente, ha adquirido gran conocimiento.

Nada reposa; todo se mueve; todo vibra.

La posesión del conocimiento, si no va acompañada por una manifestación y expresión en la práctica y en la obra, es lo mismo que el enterrar metales preciosos: una cosa vana e inútil. El conocimiento, lo mismo que la fortuna, deben emplearse. La ley del uso es universal, y el que la viola sufre, por haberse puesto en conflicto con las fuerzas naturales.

Para cambiar vuestra característica o estado mental, cambiad vuestra vibración.

Para destruir un grado de vibración no deseable, póngase en operación el principio de polaridad y concéntrese a la atención en el polo opuesto al que se desea suprimir. Lo no deseable se mata cambiando su polaridad.

La mente, así como los metales y los elementos, puede transmutarse de grado en grado, de condición en condición, de polo a polo, de vibración en vibración.

El ritmo puede neutralizarse mediante el arte de la polarización.

Nada escapa al principio de causa y efecto, pero hay muchos planos de Causalidad y uno puede emplear las leyes del plano superior para dominar a las del inferior.

El sabio sirve en lo superior, pero rige en lo inferior. Obedece a las leyes que están por encima de él, pero en su propio plano y en las que están por debajo de él, rige y ordena. Sin embargo, al hacerlo, forma parte del principio en vez de oponerse al mismo. El sabio se sumerge en la Ley, y comprendiendo sus movimientos, opera en ella en vez de ser su ciego esclavo. Semejantemente al buen nadador, va de aquí para allá, según su propia voluntad, en vez de dejarse arrastrar como el madero que flota en la corriente. Sin embargo el nadador, el sabio y el ignorante, están todos sujetos a la ley. Aquél que esto comprenda va en el buen camino que conduce a la Maestría.

IV
Comentarios al Kybalion

En las siguientes páginas pasaremos a comentar y descifrar, frase por frase, el contenido de esta obra del Kybalion. La misma comienza con unas palabras que nos resuenan mucho:

Los labios de la sabiduría permanecen cerrados, excepto para el oído capaz de comprender. Donde quiera que estén las huellas del Maestro, allí los oídos del que está pronto para recibir sus enseñanzas se abren de par en par.

Cuando el oído es capaz de oír, entonces vienen los labios que han de llenarlos con sabiduría.

Efectivamente son casi idénticas a las que pronuncia Jesucristo en el Nuevo Testamento: (Mateo 13: 13-17) *9 Quien tiene oídos para oír, oiga. 10 Entonces, llegándose los discípulos, le dijeron: ¿Por qué les hablas por parábolas? 11 Y él respondiendo, les dijo: Porque a vosotros os es concedido saber los misterios del reino de los cielos; mas a ellos no es concedido. 12 Porque a cualquiera que tiene, se le dará, y tendrá más; pero al que no tiene, aun lo que tiene le será quitado. 13 Por eso les hablo por parábolas; porque viendo no ven, y oyendo no oyen, ni entienden. 14 De manera que se cumple en ellos la profecía de Isaías, que dice: De oído oiréis, y no entenderéis; Y viendo veréis, y no miraréis.* **15** *Porque el corazón de este pueblo está engrosado, Y de los oídos oyen pesadamente, Y de sus ojos guiñan: Para que no vean de los ojos, Y oigan de los oídos, Y del corazón entiendan, Y se conviertan, Y yo los sane.* **16** *Mas bienaventurados vuestros ojos, porque ven; y vuestros oídos, porque oyen.* **17** *Porque de cierto os digo, que muchos profetas y justos desearon ver lo que veis, y no lo vieron: y oír lo que oís, y no lo oyeron.*

De estas palabras se desprende que existen dos tipos de conocimiento: uno, dirigido al intelecto de cualquier persona, y otro, más profundo, dirigido hacia el que está preparado podrá comprender. Y es que, a medida, que en cualquier materia, el estudiante va profundizando más, se encontrará con la dificultad de compartir sus conocimientos con otros. Esto le pasa al científico investigador, al médico especialista, al físico o matemático experto. En fin, en cualquier materia de conocimiento, la especialización lleva consigo la dificultad para el neófito de poder entender y solo aquel que esté debidamente preparado podrá comprender esas enseñanzas más profundas. Por ello del término Hermes, procede la palabra hermético, o hermetismo, para referirse a algo cerrado o apartado del entendimiento mental general.

El mismo caso lo encontramos en el estudio de las leyes de la vida, en que las antiguas escuelas de misterios, llamadas también herméticas, seleccionaban mediante ciertas pruebas de acceso, a los estudiantes, para poderles facilitar el conocimiento profundo, esotérico, de aquellas materias para que las se precisaba una cierta preparación para asimilarlas.

De esto trata precisamente, el Kybalion, unos conocimientos reservados hasta el día de hoy a una élite, unas pocas personas con un alto nivel de conciencia suficiente para poder acceder a los grandes misterios. Sin embargo, ahora vivimos en una época en que el conocimiento se ha abierto a muchas más personas, y por eso, podemos afirmar que tenemos en la actualidad una gran oportunidad de acceder a una información que siglos atrás estaba herméticamente cerrada, no para impedir el acceso a la misma, o para crear una elite de poder, sino por la propia imposibilidad de ser entendida como el texto inicial nos ha explicado. Del texto también se desprende que esos conocimientos están al alcance y a la vista de todo el mundo pero pasan desapercibidos precisamente por la falta de preparación.

Los principios de la verdad son siete: el que comprende esto perfectamente, posee la clave mágica ante la cual todas las puertas del Templo se abrirán de par en par.

Este texto se refiere a las 7 leyes o principios universales que pasaremos a desarrollar ampliamente en los siguientes capítulos. El hecho de que sean 7 como la estrella de la diosa egipcia Seshat es debido a que todo el universo está regulado por este número: la luz se descompone en el prisma solar en7 colores, hay 7 notas en la escala musical, 7 planetas de la antigüedad que dieron origen a los 7 días de la semana, los 7 orificios de la cara (2 orejas, 2 ojos, 2 fosas nasales, 1 boca), los ciclos de 7 años de renovación celular, los 7 chacras, los 7 defectos y virtudes opuestas, etc. La Biblia nos dice que Dios creó al mundo en 7 días. El 7 se considera la suma entre 3 (lo celeste) y 4 (lo terrenal). Se considera un número perfecto que simboliza la relación de lo divino y lo humano, cuyo resultado es la creación, llevada a cabo en 7 días. Se habla de 7 artes, 7 maravillas del mundo antiguo., las 7 plagas de Egipto, 7 suman las dos caras opuestas de un dado, e infinidad de ejemplos más. Para casi todas las culturas fue siempre un número mágico.

El siete relacionará la tierra con el cielo, la conexión del hombre con lo celeste y el propósito de la vida. La Tierra es la universidad del Cosmos, aquí venimos a aprender a ser felices y a superar todas las adversidades, a crecer, a encontrar, cada día y en cada momento la solución a las experiencias que la vida nos presenta, para que saquemos de nuestro interior esa fuerza interna que nos permita vencer las dificultades. La llave interior para encontrar la luz divina, que está dirigida por todas las leyes del universo, es la gratitud. Agradecer en cada momento la oportunidad que nos presenta la vida, para ser cada vez, más sabios, más perfectos, más hábiles, y manifestar nuestra divinidad en la tierra hasta logar que nuestro destino sea obra de nuestra divinidad, pues dentro de nosotros está la luz para resolver todos los problemas.

Como no sabemos encontrar soluciones por falta de información y comprensión, tratamos de buscar respuestas y no las encontramos. El resultado es la crítica y las lamentaciones. Nos desconectamos del centro donde gravita la verdad y la luz que hay en nuestro interior.

Si recurrimos a las leyes espirituales a través de la comprensión, se desarrollará la fe que es la que nos va a permitir encontrar las claves para elevar la vibración, y solucionar los conflictos internos que nos amargan la vida. Ya no caeremos en victimismos, lamentaciones y reproches. Si en la vida creamos energías destructivas, estas se apoderan de la persona generando enfermedades y ruina.

Buscamos soluciones en médicos, psicólogos y psiquiatras. En esos casos podemos recibir ayuda momentánea, soluciones inmediatas, pero no la curación definitiva del verdadero problema, puesto que no hemos transmutado la energía que ha provocado esta situación debido a una falta de comprensión. El problema está enquistado en el cuerpo energético. Buscamos en libros que nos marcan ejercicios prácticos para atraer la buena suerte, la riqueza, así como a aquellas personas, que por nuestro sentimentalismo, queremos atraer. Al practicar dichos ejercicios vemos que pasa el tiempo y no ocurre nada de lo que hemos solicitado. Caemos en decepciones y perdemos la fe. Falta la información de estos tres aspectos:

1. Que nuestro ser superior y nuestra alma o registros de destino, tienen ya grabados los programas que nos permitirán vivir experiencias y atraer a las personas, las situaciones y los lugares que nos corresponde. Pues todo fue grabado por un divino propósito de amor para experimentar y aprender.

2. Debemos encontrar la comprensión del por qué nos ocurren ciertas cosas. Hallar la respuesta en nuestro interior

3. Al comprender, aprendemos, y podemos recurrir a desprogramar, neutralizar y transformar todo lo que pensamos negativamente, las falsas creencias, patrones distorsionados, confusiones y carencias. No podremos atraer la salud, la riqueza, el amor o la armonía, hasta que sean transmutados esos estados.

4. Si comprendemos que dentro de nosotros está la ley, entrenaremos o prepararemos a nuestra mente para que no tenga poder sobre nosotros, ahí entrará la ley del mentalismo, el primer principio de Hermes.

Pasemos a examinarlo.

V
El Principio
del Mentalismo

Este es el primer principio hermético. Y dice así:

El TODO es Mente; el universo es mental

*Lo que constituye la Verdad fundamental, la Realidad
substancial, está más allá de toda denominación,
pero el sabio lo llama el TODO.*

*En su esencia, el TODO es incognoscible,
Mas el dictamen de la razón debe ser recibido
hospitalariamente, y tratado con respeto.*

Nosotros solemos denominar al TODO: Dios, el Absoluto, la Fuente suprema, etc. pero como dice el texto el TODO es incognoscible, es decir, no es posible la percepción del estado de unidad desde una perspectiva dual. Así, el pez no puede ver el agua donde vive, nosotros no podemos ver el aire que respiramos, o el bebé a su mamá, mientras está en su vientre. No podemos ver desde la unidad, pero si podemos sentir la presencia, del mismo modo que el pez sentirá las corrientes de agua, nosotros las corrientes de aire, y el bebé los movimientos de la mamá. La divina presencia no se ve, se siente.

Para percibir algo necesitamos la dualidad, los dos ojos, separarnos del Todo; del mismo modo que para contemplar nuestro rostro necesitaremos un espejo, o sea, separarnos de nosotros mismos.

Más allá del Cosmos, del Tiempo, del Espacio, de todo
cuanto se mueve y cambia, se encuentra la realidad
Substancial, la Verdad Fundamental.

Ese Todo, nos especifica el texto, se encuentra más allá del Cosmos, es decir, del universo que vemos, del tiempo y del espacio. El tiempo es una percepción mental y corresponde a la tercera dimensión, pero como ya dejó enunciado el gran matemático Albert Einstein al superar la barrera de la velocidad de la luz, un objeto, pasaría a la cuarta dimensión, abandonaría el espacio tridimensional y entraría en una dimensión atemporal, sin coordenadas temporales, con lo que pasado y futuro estarían en un presente. Al final de este capítulo, volveremos sobre este tema, al explicar de qué manera se comprime el tiempo. Aquello que está más allá del tiempo y el espacio es la eternidad, dado que no tendrá principio ni fin.

Si bien es cierto que todo está en el TODO,
no lo es menos que el TODO está en todas las cosas.
El que comprende esto debidamente,
ha adquirido gran conocimiento.

Estas frases son importantes. Generalmente las personas buscan a Dios, a los ángeles o a los maestros de sabiduría fuera de sí mismos, pero como dice el texto, si

| **Todo está en mí y yo estoy en todo** |

todo está en el todo, también está dentro de nosotros mismos, por tanto buscar algo fuera equivale a separarse instantáneamente del todo, porque estamos creando una dualidad, nosotros y Dios como algo separado. En resumen, quien busca en su propio interior ha comprendido que ahí está todo. Todo está en mí y yo estoy en todo.

El TODO crea en su mente infinita, innumerables universos, los que existen durante eones de tiempo, y así y todo, para Él, la creación, desarrollo, decadencia y muerte de un millón de universos no significa más que el tiempo que se emplea en un abrir y cerrar de ojos.

La mente infinita del TODO es la matriz del Cosmos.

Comenzamos ahora a descubrir que la creación es en realidad el producto de una sustancia mental a la que podemos también llamar conciencia o esencia pura con la que conectamos a partir del corazón. En nuestra época tenemos ya la información suficiente para comprender esto. Algo que era muy difícil en la antigüedad. Efectivamente, en siglos pasados nadie podía expresar el concepto "energía" por ejemplo, y solo se pensaba en materia o espíritu, en referencia a lo desconocido. A partir de Albert Einstein cuando formula la famosa expresión: "la materia no se destruye, solo se transforma. Materia se convierte en energía y la energía en materia" comenzamos a entender que todo está sujeto a un proceso de transformación y que la energía es intrínseca e inseparable de la materia. Con la aparición de la física cuántica descubrimos que además de materia y energía hay un tercer elemento: la conciencia del observador. Efectivamente, al analizar diminutas partículas de

la materia, la física cuántica descubre que dependiendo de la voluntad o pensamiento del observador la reacción de las partículas varia, es decir, la mente puede alterar el comportamiento de la materia.

> **La mente influirá sobre la energía y ésta, a su vez, sobre la materia**

En resumen, hemos llegado a tener tres elementos: materia, energía y conciencia. Esta información va a resultar fundamental para entender muchas cosas y especialmente el significado de este primer principio hermético, "el todo es mente, el universo es mental". Todo es pensamiento en distintas frecuencias. La energía, fuerza y materia están subordinadas al dominio de la mente. En conclusión, podemos afirmar que la mente influirá sobre la energía y ésta, a su vez, sobre la materia.

Pondremos varios ejemplos:

1. La palabra japonesa Reiki que designa esa famosa técnica de imposición de manos para sanar, se compone de dos términos: REI que significa universal, sin límites. y KI, energía vital. Cuando conectamos con la conciencia o información del universo REI, y la dirigimos intencional y conscientemente hacia la energía vital de la persona, KI, es decir, su energía, ésta a su vez hace llegar a las células de la materia la vibración e información correcta de su funcionamiento a fin de lograr la curación.

2. Las aleaciones de metales o transformaciones químicas se producen porque los electrones que

son materia y energía tienen una información o conciencia que les permite reconocer a otros modelos para unirse a ellos o rechazarlos

3. Los procesos genéticos, la reproducción celular, el trabajo de los órganos del cuerpo, se lleva a cabo mediante materia y energía que obedecen a la información o conciencia que estas llevan consigo.

4. El ADN humano contiene todo el diseño, es decir, la información o conciencia de cómo deben formarse los futuros cuerpos.

5. Cuando la mente, sea con pensamientos negativos o falsas creencias, emite órdenes a la energía o materia del cuerpo aparecen las enfermedades psicosomáticas. Si alguien por ejemplo, piensa "quiero morirme, no vale la pena vivir" ese pensamiento negativo ordenará a las células que se destruyan y aparecerá la enfermedad siempre que vaya acompañado de una emoción profunda de tristeza, o deseo de abandonar la Tierra.

Tendremos ahora presente esta verdad fundamental: la existencia de una mente creadora, pues nosotros la poseemos y la existencia de la vida, pues nosotros la manifestamos. Así pues, dado que nosotros somos parte del Todo, esto forma parte de nuestra naturaleza. Una vez llegado hasta aquí el Kybalion nos dice:

> *"El universo es una creación mental sostenida*
> *en la mente del Todo".*

Lo que significa que nuestro universo, todo lo que nos rodea, incluso nosotros mismos, no somos más que manifestaciones mentales del Todo. De la misma manera que podemos crear un mundo propio en nuestra mente, el Todo lo hace con el Cosmos.

De ahí el poder del pensamiento, pues con él creamos todo lo que deseamos, si somos capaces de llegar a comprender su mecanismo. De ahí, que se diga que nosotros somos Dios, o dioses a pequeña escala. Podemos entenderlo también como que, de Él emanaron miles de millones de partículas con conciencia propia. Se separaron para vivir su propia experiencia.

El Hombre fue hecho "a imagen y semejanza" de su Creador. El hombre puede crear utilizando materiales físicos, pero, cualquiera sea su creación, siempre comenzará en su propia mente. El que construye una mesa, un edificio o un barco, primero habrá tenido que diseñarlo en su mente. El Universo es mental y esto significa que cada una de las cosas que vivimos depende de nuestro pensamiento. Para algunos, la vida es una gran oportunidad para crecer y disfrutar; para otros, la vida sólo es sufrimiento y un continuo sacrificio. La gran diferencia entre ellos está en su propia mente, en su manera de percibir el mundo. Nuestra vida depende de nuestro Pensamiento.

En síntesis, todo lo que uno llegue a Creer-Crear de sí mismo es lo que va a ver reflejado en los demás. Si una persona se siente exitosa, merecedora y poseedora de buena suerte, entonces atraerá hacia sí misma situaciones y personas que reflejarán su creencia. Lo mismo ocurre con las personas negativas que creen todo lo contrario. El Universo en que vivimos es mental y responde a lo que elegimos pensar en cada momento. No existe nada aleatorio en la vida; "Todo lo que ocurre siempre está reflejando alguna pauta de Pensamiento que llevamos dentro".

Por ello, todo lo que nos sucede, y esto es algo que comprenderemos mejor en las siguientes leyes herméticas, es el reflejo de lo que hemos creado. Ahora bien, sucede algo maravilloso: Cuando tomamos conciencia de que lo que nos molesta en los demás, es aquello que tenemos que aprender a aceptar, y que está también en nosotros mismos, en el mismo instante en que se comprende, la situación cambia radicalmente.

Ejemplos que hemos vivido: junto a nuestra casa tiene lugar una fiesta y la música molesta por la noche y no nos deja dormir. Si pensamos "vaya fastidio, no me dejarán dormir, vaya ruido a estas horas, no respetan el descanso ajeno, etc." la música no solo no terminará, sino que nos causará cada vez más irritabilidad. Por el contrario, si aceptamos el hecho, pensamos en como disfrutan esos vecinos en la fiesta, que yo en su lugar haría lo mismo, etc. nos sorprenderá que al cabo de muy poco el ruido cesará. Si nos molesta alguien que ronca a nuestro lado y aceptamos la situación y procuramos que no nos molesten los ronquidos, estos cesarán o nos quedaremos dormidos profundamente.

Tenemos la gran suerte de saber que si usamos las leyes espirituales superiores podemos descodificar, neutralizar, transformar lo viejo y crear nuevas cosas. Cuando sabes, actúas sin miedo.

> **Todo suceso se repetirá indefinidamente hasta que hayamos aprendido a aceptarlo, respetarlo y comprender que nos enseña**

Hay personas que interpretan este principio solo en el sentido de la ley de atracción: todo lo que pienses lo atraerás a tu vida. Siendo esto cierto, esta comprensión debe sin embargo ir acompañada de la intención de aprender ya que todo lo que ocurre a nuestro alrededor debido al principio de correspondencia que aprenderemos en el segundo principio hermético, tiene la función de enseñarnos y ayudarnos en nuestra evolución. Todo suceso se repetirá indefinidamente hasta que hayamos aprendido a aceptarlo, respetarlo y comprender que nos enseña. En el momento en que llegamos a la comprensión, el suceso cambia por otro definitivamente.

Si el Universo es mental y todo depende de nuestro pensamiento, entonces tu primera tarea será aprender a controlar el Pensamiento. ¿Cómo controlarlo? A través de la auto-observación. Tenemos que aprender a observar los pensamientos, esto se hace como si miráramos hacia dentro, pero no juzgaremos ni condenaremos los pensamientos, solo tomaremos nota de los mismos. Para ayudarnos a este ejercicio podemos realizar durante unos minutos el siguiente ejercicio:

Utilizarás los dedos de las manos para ir contando los 5 primeros pensamientos que lleguen a tu mente. Utilizarás la mano izquierda para contar solo los pensamientos negativos y la mano derecha para los positivos. Sin juzgar y sin tratar de ordenar los pensamientos, solamente vas a contemplar el diálogo mental que se produce en tu interior y, con rapidez, decidirás ¿de qué característica es cada uno, es positivo o negativo?

Por lo general, la mano izquierda es la que se completa más rápido. Según la estadística científica, se sabe que la mente humana produce alrededor de 60.000 pensamientos diarios y que, en su gran mayoría, éstos son negativos. De esto se puede deducir claramente que nuestra vida tiene que estar llena de problemas porque estos pensamientos negativos generan estados de insatisfacción y dificultades.

En este proceso de auto observación deberás ser paciente y amable contigo mismo, no juzgarte ni culpabilizarte, sabiendo además que el proceso es lento y gradual. La impaciencia, es la incapacidad de permitir que transcurra el tiempo necesario para que una nueva idea se afiance en nuestra conciencia. Es decir, se trata de un ejercicio o entrenamiento, pero los resultados los irás viendo desde el principio. Estos primeros resultados, cuando veas que las cosas empiezan a cambiar y te comienzas a sentir mejor, deben ser el estímulo para continuar con el ejercicio. No se puede pretender que una planta que acaba de nacer, dé inmediatamente flores y frutos. Ten presente que no hay manera de que puedas mejorar tu vida si tienes la mala costumbre de pensar en problemas y catástrofes. Esto sólo te atraerá más problemas y catástrofes. Desde hoy debes aprender que la peor de tus pesadillas sólo vive en tu mente, es un pensamiento, y tú tienes la posibilidad de poder cambiarlo.

Cada vez que te venga un pensamiento negativo, déjalo pasar, respira y echa la cabeza hacia atrás. Inmediatamente se va. Pon tu mente en el corazón y empieza a invocar a tu energía divina, que se llama Yo Soy. Este ser que habita dentro de ti está interconectado con una gran red de leyes espirituales y estas leyes te van a aportar la solución a todos tus problemas.

El mentalismo nos dice que todo lo que pensamos se crea, porque estamos conectados a una red de leyes espirituales, cósmicas. Las leyes de la naturaleza también obedecen a la Ley. Si yo conecto por ejemplo con la gratitud y la comprensión, se desarrollará la fe, la armonía, la ley del amor, que nos traerá la curación de todo lo que tengamos creado con el pensamiento negativo, procedente de las circunstancias o situaciones que hemos experimentado o vivido, sin comprender por qué nos ocurren la cosas.

Utilizamos el pensamiento destructivo cuando enjuiciamos a todos aquellos que no nos dan lo que queremos o lo que esperamos de ellos. La prueba está en los padres. Los hijos esperan todo de ellos, cuando resulta que los padres son instructores dirigidos por una ley llamada ley de correspondencia, como veremos en el siguiente capítulo. Hay un intercambio de aprendizaje entre todos los familiares y personas que están en nuestra vida. Podemos cooperar o compartir pero no esperar que nos lo den todo. No crear expectativas; así no tendremos decepciones y aceptaremos a los demás tal como son, sin quejas ni críticas. Ellos no están en nuestra vida para oír nuestras críticas. En todo caso, podemos transmitir nuestra forma de entender, pero no tienen por qué aceptarla. No tenemos que esperar el reconocimiento de los demás, ni tratar de imponer nuestras ideas.

Con nuestra ceguera mental, desconociendo el poder de los pensamientos, soltamos las riendas de la mente y empezamos a emitir juicios erróneos sobre nuestra vida y la de los demás. Nos pasamos la vida prejuzgando, lo mal que hacen las cosas la familia, los amigos, los políticos, los religiosos… se van los pensamientos al espacio y por la ley de acción-reacción vuelven a nosotros multiplicados. Nos comienzan a llegar críticas y energías negativas descontroladas, provocando destrucción física en forma de accidentes violentos y enfermedades, alejándonos de las personas que estaban junto a nosotros. La crítica separa, crea agresividad, rebeldía, y en su descontrol, hiere a quien la recibe. Es muy importante tener conocimiento de lo que ocurre con los pensamientos, pues se multiplican y se unen a otros similares. Así actúa la ley del mentalismo.

Aunque hay muchos pensamientos, hay una constante en ciertas formas de pensar, que forma lo que llamamos actitud y eso va a condicionar el camino de nuestra vida. A su vez, la actitud genera los comportamientos. En conclusión trataremos de reconocer cuales son nuestros pensamientos más habituales. Si cambiamos los pensamientos, cambiará nuestra actitud y con ello nuestros comportamientos.

Una técnica muy sencilla para anular el pensamiento negativo es utilizar la palabra "cancelado". Cada vez que algo no deseable venga a tu mente, deberás pronunciar esa palabra como dando una orden, repitiéndola por lo menos tres veces seguidas. Lo puedes hacer tanto verbal como mentalmente, pero, cualquiera que sea la forma, deberás hacerlo con entusiasmo y firmeza. De esta manera, el pensamiento negativo al dejar de repetirse ya no se instala en tu mente subconsciente. Esta toma la palabra "cancelado" como una orden y la ejecuta, interrumpiendo la manifestación de lo negativo.

Además, es importante afirmar a continuación lo opuesto. Por ejemplo, si viene a tu mente el pensamiento de que podrías contraer una enfermedad, deberás repetir inmediatamente "cancelado" tres veces, como si estuvieras tachando ese pensamiento. Pero a la Mente no le es suficiente con saber lo que no quieres, también debes decirle cuál es tu verdadero deseo. Inmediatamente después de cancelar lo negativo, tienes que revertir el pensamiento y reemplazarlo por otro más positivo que ocupe su lugar, siempre en tiempo presente. Volviendo al ejemplo del miedo a la enfermedad, después de cancelar esa idea, es importante que afirmes en tiempo presente: "Tengo buena salud y estaré cada vez mejor". De esta manera, se comienza a revertir el proceso del pensamiento.

Cuando se hace una afirmación para revertir algo, se deberá evitar utilizar el vocablo "no". El "no" produce el efecto inverso al que se desea. Por tal motivo, la gente que dice: "No voy a fumar más" termina fumando el doble; o quien afirma "No quiero pensar más en esa persona" no puede quitársela de su mente ni un sólo instante. Los inquisidores medievales pensaban "no quiero pensar en las mujeres" y terminaban obsesionándose con la lujuria. Eso es debido a que el inconsciente no reconoce la palabra "no". Te proponemos ahora una prueba: te pediremos que durante los próximos 10 segundos pienses o imagines una pieza de fruta, en cualquiera, pero por favor, en ningún caso, pienses en naranjas.

¿Qué ha ocurrido? ¿A qué te ha venido a la mente inmediatamente la imagen de una naranja? Esto nos muestra algo muy importante de este principio: allí donde se coloca la mente ahí se sitúa nuestra energía. Por eso cuando decimos "no quiero fumar" la mente no reconoce el "no" sino la palabra fumar y seguimos instalados en esa energía. La técnica, en resumen, consiste en cambiar totalmente el pensamiento y dejar de usar la palabra "no".

También es importante "cancelar" los pensamientos ajenos. Aunque uno quizá se sienta muy bien y satisfecho con su propia vida, se encuentra a diario con personas que tienden a influirnos con opiniones tales como: "La economía es un desastre", "cada vez estamos peor", "si viajas allí ves con cuidado, es peligroso", "Ya no se puede confiar en nadie", etc.

Cada vez que escuchamos los comentarios negativos de una persona y no queremos que su opinión ingrese en nuestra mente, debemos "cancelarlo". Lo haremos verbal o mentalmente. De cualquier de las dos maneras, nos aseguramos de no aceptar el pensamiento negativo. Debemos repetir esto, con lo que escuchamos por radio, vemos en televisión o leemos en diarios y revistas. Estas impresiones si no son comprendidas o transformadas en pensamientos positivos pueden contaminar nuestra mente y después bloquear nuestra vida.

De acuerdo con el Principio del Mentalismo: *Todo lo que elegimos pensar o creer es lo que se va a manifestar en nuestra vida*; por lo tanto, debemos ser extremadamente cuidadosos respecto de lo que aceptamos y, por ello, es importante seleccionar muy bien las fuentes de información. En nuestro mundo tenemos una falsa cultura, llena de miedos, falsas creencias y pensamientos equivocados sobre la vida, y por ello tendremos muchas oportunidades para practicar nuestro entrenamiento mental.

Para hacer que el efecto "cancelado" sea más potente, puedes imaginarte que tachas el pensamiento negativo dibujando con tu imaginación una X. De esta manera, visualizas la prohibición de que se vuelva a repetir el pensamiento.

La mente ejerce una influencia sobre el cuerpo físico: Se conoce como efectos psicosomáticos. La adrenalina se produce por un efecto psicosomático. Todos los procesos mentales asociados al sufrimiento y al estrés, la angustia… inmediatamente producen reacciones bioquímicas en el organismo que producen una disminución de energía que la llamamos estados depresivos. El efecto psicosomático es evidente: sonrojarse, quedarse paralizado, quedarse en blanco. Estos efectos son evidentes. Ampliaremos esta información en el penúltimo capítulo de este libro.

Un trabajo fundamental sobre nuestros pensamientos consiste en prestar atención hacia aquellos que forman parte de nuestro sistema de creencias. Una creencia es un pensamiento instalado en la mente, fijado como algo cierto pero que jamás ha sido experimentado. Cuando una creencia pasa a ser algo vivido deja de ser creencia para ser certeza. Ejemplo: los padres le advierten al niño que no juegue con un cuchillo porque se puede cortar. El niño puede tener fe en sus padres y creerles, pero solo sabrá de verdad que es así cuando un día se corta con el cuchillo. A partir de la experiencia que supondrá la herida, el niño no necesitará creer que el cuchillo corta, sino que será una certeza para él. Por tanto el que sabe no necesita creer porque ya vive de la experiencia. Ahí tendríamos una de las diferencias entre el sabio y el ignorante. Sócrates dijo: "solo sé que no sé nada". A medida que la persona más sabe, reconoce que aún le falta mucho más por aprender. En cambio el ignorante, lleno de creencias, cree que lo sabe todo y no necesita aprender nada nuevo.

Así vamos a proponeros un ejercicio para reconocer y transformar las creencias falsas instaladas en nuestra mente y que nos condicionan negativamente nuestra vida. Necesitarás una libreta en la que usarás la primera hoja para registrar tus propias creencias, la segunda hoja, las creencias de tu padre, la tercera las de tu madre, las siguientes las de abuelos, tíos, vecinos, maestros, religión, sociedad, jefe en el trabajo, amigos.

En cada sección, escribirás aquello que escuchabas decir a los demás acerca: del amor, dinero, familia, mujeres, éxito, salud, religión, trabajo, amistades, sexo, hombres, fracaso.

Deberás anotar, además ¿cuáles eran los miedos de tus mayores?, ¿qué hacían cuando se enojaban?, ¿cuáles eran sus enfermedades más comunes?, especialmente la de los padres y cualquier otro recuerdo dominante que sirva para identificar una creencia.

Tendrás que anotar todas las ideas sin juzgar si las creencias fueron positivas o negativas para ti. Ese ejercicio no se hace en un solo día porque la mente te irá informando gradualmente de aquello que necesites recordar. Cuando hayas anotado las ideas te preguntarás ¿con cuáles me he identificado? Descubrirás que muchas veces estás actuando según los mandatos recibidos y no de acuerdo con tu propia voluntad.

> **Recuerda que todo lo que crees lo creas en tu vida**

Recuerda que todo lo que crees lo creas en tu vida.

Vivimos en un Universo que siempre dice "Sí" a todo lo que elegimos. Podemos crear nuevos pensamientos, aceptar nuevas ideas y diseñar un porvenir mucho más conveniente y favorable. En ello reside la importancia de conocer los principios metafísicos. Este conocimiento te dará la habilidad de crear el destino feliz que anhelas, aunque tu pasado no lo haya sido, pero no solo eso: en la medida en que mejores tu vida personal, mejorarás la vida de todos los que te rodean. Curando tus propias heridas, se curarán las de los demás.

Mucha gente cree que sería más feliz si tuviera otra pareja, más dinero, viviera en otro lugar o tuviera otros amigos. Ellos creen que algo de afuera tendría que cambiar, para poder estar mejor. Sin embargo, el proceso es al revés. Cambiando nuestros pensamientos y mejorando nuestra propia energía es como mejora nuestra vida.

Nuestro cerebro funciona sobre la base de hábitos porque de esta manera ahorra energía. Una vez que hemos aprendido a vestirnos, ya no tenemos que volver a aprender cada mañana lo mismo. Lavarnos, peinarnos, comer y demás, son hábitos aprendidos en la infancia, que nos ayudan a desenvolvernos en forma mecánica, sin necesidad de tener que pensar más en cómo se hace.

El hábito es como un mapa en el cerebro por donde va la energía, cada vez que tenemos que repetir una función ya conocida. Cuanto más repetimos una misma tarea, el hábito se vuelve más fuerte y, por lo tanto, nos resulta más fácil ejecutarla. Es difícil, sino imposible, concebir una vida donde tuviéramos que aprender todo de nuevo cada día.

Los hábitos más importantes se aprenden en los primeros siete años de vida y, luego, los repetimos incansablemente a lo largo de nuestras vidas. Es lo que se conoce como la formación de la personalidad humana. En ella quedan grabadas las primeras ideas o creencias respecto a la riqueza o pobreza, la sexualidad, la injusticia… La mayoría de nosotros hemos recibido una mezcla de influencias, algunas positivas como valores morales o espirituales, otras negativas, como miedos, carencias o desamor.

Nuestro cerebro funciona gracias a unas células llamadas neuronas. Cada neurona tiene una extensión semejante a un cable, que se llama "Axón", con el cual se conecta a otra neurona y, así, se transmite el mensaje eléctrico a lo largo del cuerpo, mediante una serie de conexiones llamadas "sinapsis". Cuando el cerebro da una orden las neuronas trasmiten esta orden al cuerpo, y el cuerpo finalmente la ejecuta. Por ejemplo, si nos pica un mosquito y decidimos rascarnos, en el instante en que tomamos la decisión, las neuronas enviaron la señal eléctrica al cuerpo, automáticamente se mueve un brazo y la mano toca la mejilla.

Cuando se repite muchas veces una misma acción, se crea un hábito. Al hacerlo, muchas neuronas se juntan entre sí formando un "cable" más ancho, por el cual la energía se trasmitirá más rápidamente. Estos cables neuronales no se separan nunca. Esto significa que una vez aprendido un hábito, éste permanecerá para siempre con nosotros. Pero entonces ¿cómo podemos cambiar un hábito? La respuesta es: creando uno nuevo. Al principio, este nuevo hábito será un axón muy fino, pero con el tiempo y la repetición se hará un cable más fuerte y grueso que el hábito anterior. Nos referimos en este caso a generar nuevos pensamientos, olvidando aquellos que ya no nos interesan.

Será necesario originar un nuevo hábito, aunque el antiguo seguirá intentando aparecer. Para que la formación de un nuevo hábito sea exitosa, son necesarias dos condiciones: El deseo y la repetición. Si no existe el deseo de mejorar es imposible hacerlo, y sin la repetición de lo nuevo no lo podemos incorporar.

Si la ley del mentalismo dice que la mente crea, tenemos que empezar a crear nuestro destino. Desconectarnos de los miedos, de todo lo que nos angustia y perturba, incluida la culpabilidad. En cada momento en que tenemos la mente puesta en la culpa potenciamos la culpa. Si la tenemos en el miedo, potenciamos el miedo. En todo lo que pones tu mente estás creando. Aprendamos a usar la ley del mentalismo para nuestro beneficio, no para nuestra destrucción.

Usemos la imaginación para crear una energía que pueda borrar los hábitos, miedos, defectos, falsas creencias. El mentalismo significa que nuestro pensamiento puede crear todo lo que genera, siempre y cuando respete la Ley.

Ejercicio: repetir esta frase: "Yo soy uno con la ley del mentalismo, creando todo lo que necesito tener en mi vida". Sin embargo, antes hay que borrar todas las falsas creencias que tenemos grabadas.

El principio de mentalismo acumula toda la información que has creado con tu pensamiento, pero como quiera que existirá un segundo principio llamado correspondencia, significará que te llegará lo primero que creaste, o sea, tendrás que hacerte correspondiente con lo que realmente deseas, y por otra parte siempre que ese pensamiento no interfiera la vida o el proceso de los demás, hasta que la persona comprenda que hay que respetar las experiencias ajenas.

Ejercicio con la respiración: Imaginemos que estamos dentro de una gran esfera transparente. En su interior, una gran estrella brillando, girando y creando energía que a su vez está interconectada por un cordón de oro a otra gran esfera mayor. Ahora concéntrate en el pensamiento que deseas expulsar, libéralo soltando el aire con la exhalación. Todo pensamiento que te origine dolor, angustia, tristeza, malestar, proceda de donde proceda, lo expulsarás junto a tu respiración. Ahora céntrate en tu corazón e inhala profundamente con la intención de atraer toda la información que necesitas, te visualizas lleno de luz. Así, ninguna emoción negativa te dominará, y lo que inhales no será emocional.

> *La mente así como todos los metales y demás elementos, pueden ser transmutados, de estado en estado, de grado en grado, de condición en condición, de polo a polo, de vibración en vibración. La verdadera transmutación hermética es una práctica, un método, un arte mental.*

Esta frase del Kybalión nos enseña que la mente puede cambiar de frecuencia vibratoria y de nivel de comprensión. Se han especificado cuatro tipos de ondas cerebrales: Beta, hasta 14 Hz por segundo, son las que emite el cerebro en estados de mucha concentración y actividad. Alfa, de 8 a 13 Hz, que emite el cerebro en estados de tranquilidad y relajación. Theta, de 4 a 7 Hz, que corresponde a estados de sueño ligero y Delta, de 0,5 a 3 Hz, que corresponde al estado de sueño profundo o inconsciencia.

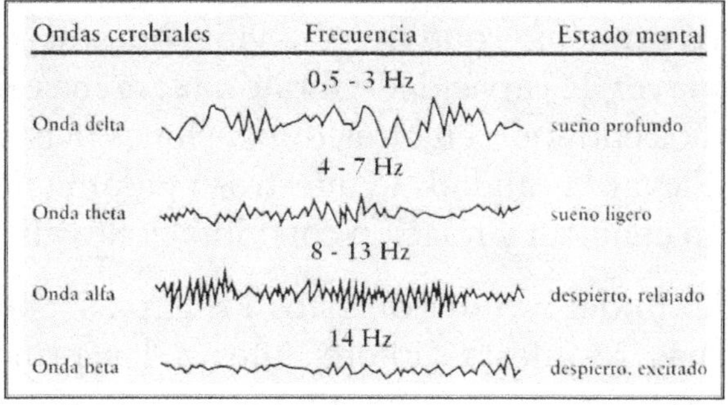

Ondas

A mayor longitud de onda tenemos menos energía y frecuencia vibratoria. Cada onda se mueve en un lapso de tiempo. A medida que vamos reduciendo el tiempo, la longitud de onda se hace menor y la frecuencia vibratoria mayor. Al comprimir el tiempo, tenemos que la onda se estrecha y tenemos más ondas por segundo. La frecuencia se mide por la cantidad de ondas tenemos por unidad de tiempo. A menor tiempo, mayor cantidad de ondas. A mayor tiempo, las ondas son más largas pero hay menos. En la hipótesis que el tiempo lo hiciéramos igual o casi igual a 0, tendríamos una longitud de onda mínima, es decir, como una línea vertical, y una frecuencia vibratoria altísima.

La capacidad de la telepatía, es la transmisión instantánea de pensamiento, es decir, una gran frecuencia vibratoria en una pequeña longitud de onda y de tiempo. Por ello, cuando tenemos mayor frecuencia vibratoria del pensamiento significa que comprendemos las cosas más rápido. Toda elevación de frecuencia vibratoria irá acompañada de un movimiento mucho más rápido, esa es la razón por la cual la vida hoy día, es mucho más rápida, nos parece que el tiempo pase volando, y es debido a la mayor frecuencia vibratoria del planeta. Es decir, en la medida, que nuestra mente comprenda cada vez más las leyes y los principios que rigen la vida, nuestra conciencia será mayor, la capacidad vibratoria será más elevada y estaremos entrando en otras dimensiones más allá del tiempo. Elevar la calidad de nuestros pensamientos nos pondrá en contacto y relación con vibraciones afines.

A lo largo del estudio de estos Principios, encontrarás muchas respuestas interesantes a las principales cuestiones de tu vida. Entenderás ¿por qué atraes a cierto tipo de personas, cómo se generan tus problemas afectivos y cómo superarlos, por qué el dinero sigue a las personas que lo tienen y nunca a los pobres, por qué algunas personas parecen vivir en una secuencia de conflictos en que cuando parece que terminan de resolver uno, entran en otro peor?

Cada vez que tengas un problema por resolver, considéralo como una oportunidad para aprender algo nuevo. Mantén tu mente abierta y receptiva a la nueva información que te permitirá saber cómo sortear el obstáculo. En primer lugar, tendrás que ser consciente de qué principio estás quebrando y luego, tendrás que aprender a alinearte con la vida para fluir con ella. El surgimiento de un obstáculo es una señal de que llegó el momento de estudiar y aprender.

Comprenderás que las enfermedades están directamente relacionadas con problemas emocionales y mentales, que la suerte no existe por si misma sino que es voluntaria y se la puede crear. Aprenderás a diseñar el mundo en el que anhelas vivir y a manifestarlo. Pero para lograrlo, deberás estudiarlo con responsabilidad, estar dispuestos a cambiar y a renunciar a tus limitaciones mentales. Es un trabajo voluntario que te llevará a transformar completamente tu vida para alcanzar un nuevo grado de felicidad, prosperidad, salud y armonía. De ti depende...

Ejemplo: Hace 25 años una mujer afirmó que le habían vaticinado que le tocaría la lotería. Quería dejar el bar donde trabajaba y así ayudar a sus hermanos que no tenían trabajo, así como a una sobrina para pagarle los estudios. También quería ayudar a todos los pobres y pedía a Dios que le facilitara el dinero. Pasaron los años y el dinero no le llegaba; un día aprendió el funcionamiento de la Ley. ¿Realmente le correspondía a ella ayudar a esa gente? Comenzó a realizar ejercicios con la ley de atracción: afirmaciones positivas para atraer el dinero, pero seguía sin funcionar. Cuando finalmente entendió que tenía que borrar esos programas o creencias que ella había grabado en su mente; y que si realmente le correspondía recibir ese dinero, era con la condición de no interferir en la vida de los demás, el dinero le empezó a llegar. Pasados tres meses le había tocado la lotería. Con el dinero traspasó el bar, se dedicó a cuidar a su familia, pero no se lo dio a sus hermanos, solo un pequeño regalo. De esta manera trabaja la Ley para respetar el proceso de cada persona.

Ejemplo: Una madre separada, estaba angustiada y desesperada desde cuando sus hijos que tenían 10 y 14 años respectivamente, se habían ido a vivir con su padre. No le contestaban al teléfono. Odiaba al marido, porque creía que este influía sobre los hijos hablando mal de ella, y evitando el contacto. Ya habían pasado tres años, los hijos tenían ahora 13 y 17 años de edad. Ella insistía en verlos, pero ellos no querían. Quería mostrarles que era su madre y les deseaba lo mejor. A pesar que sus deseos eran aparentemente hermosos, lo eran desde sus creencias, según lo que ella creía que debía hacer como madre. Le enseñamos el funcionamiento de la ley del mentalismo. En lugar de enfocar su mente hacia el problema y lo doloroso para ella de la situación, que la enfocara desde un estado de Ser y no desde la perspectiva de madre. Que pensara e imaginara que los hijos eran felices y que ella se alegraba por ello. Que no pensara en lo mal que ella se sentía por no tenerlos, que ella los había traído al mundo, que tenía que aprender a verlo como que los hijos no nos pertenecen sino que compartimos temporalmente nuestra vida con ellos, pero son seres diferentes con sus propias experiencias. Ella entendió su postura anterior de creer que los hijos le pertenecían y trabajó para eliminar ese sentimiento de posesión. En el fondo era eso lo que provocaba la lucha con la ex pareja. Le explicamos que fijara su mente en un estado de amor incondicional hacia los hijos, aunque no estuvieran con ella, afirmando que estaba dispuesta a servirles, sin crearles interferencias, y respetando su plan divino. Que el compromiso mutuo se cumpliera desde el Ser. Realizaba afirmaciones 3 veces diarias, así, hasta que al cabo de unos 3 meses los hijos vinieron a visitarla, con una buena actitud y la relación derivó hacia una mayor comprensión y respeto, por lo que empezaron a verse y tratarse más a menudo. Soltando a los hijos, ella consiguió por fin recuperarlos. En resumen, el aparente milagro, fue en realidad, un cambio de actitud mental.

VI
El Principio
de Correspondencia

2. Como es arriba, es abajo; como es abajo, es arriba.

Este es el segundo principio hermético. Encierra la verdad de que todos los planos de la existencia están en armonía, concordancia y correspondencia porque todos ellos nacieron de la misma fuente: El Todo. El principio de correspondencia establece que hay siempre relación entre las leyes y los fenómenos y estados del ser y la vida. Que todo lo que sucede fuera de nosotros es lo que nos corresponde vivir en nuestro actual nivel de aprendizaje. "Como es arriba es abajo y como es abajo es arriba". Es un principio de aplicación a los campos material, mental y espiritual del cosmos.

Este principio nos enseñará que todo lo que nos sucede es correspondiente con una lección necesaria e ineludible, a través de un perfecto proceso didáctico de aprendizaje. Aprender lo más pronto posible es lo que nos permite salir de una desagradable situación. Si no aprendemos las lecciones van aumentando, en frecuencia e intensidad, hasta que finalmente aprendamos. En este sentido, el sufrimiento será también una herramienta en este proceso, para que podamos darnos cuenta de nuestros errores y corregir nuestra vida. Ahora bien, el Plan Divino, en su absoluta y maravillosa perfección, no permite que vivamos situaciones que no seamos capaces de soportar.

El estudio del Principio del Mentalismo nos enseñó que "Con nuestro Pensamiento creamos una realidad…". El segundo Principio denominado "de Correspondencia", te permitirá entender ¿cómo y por qué a veces creamos situaciones negativas o desfavorables; por qué atraemos a personas que nos mienten, nos engañan, nos roban dinero, y demás? La comprensión de este principio es la clave para encontrar soluciones a esos problemas.

De acuerdo con el libro El Kybalión, el Principio de Correspondencia dice textualmente: "Como arriba es abajo; como abajo es arriba". En el Universo todo se corresponde entre sí: tal como es aquí abajo, va a ser allá arriba; cuando uno logra entender todo lo que ocurre en el mundo material, entonces podrá entender todo lo que sucede en el mundo espiritual.

> **No existe la casualidad sino la correspondencia**

Mientras culpemos a los demás de lo que nos ocurre no pasaremos por el cambio, al suponer que los demás son los que deben cambiar. Necesitamos comprender que nunca nada ni nadie nos han perjudicado, sino que formaba parte de un proceso de aprendizaje. Los errores forman parte del proceso de experimentación. La víctima es correspondiente con el asesino porque necesitaba renovar su personalidad, no existe la casualidad sino la correspondencia.

Azar no es más que el nombre que se le da a la ley no reconocida; hay muchos planos de causalidad, pero ninguno escapa a la ley. La ley del uso es universal, y el que la viola sufre por haberse puesto en conflicto con las fuerzas naturales.

Este texto nos enseña que efectivamente la casualidad no existe, sino que lo que existe es la Ley, aunque no seamos capaces de reconocerla en un momento determinado. El sufrimiento es la consecuencia de haber violado la Ley, pero existen muchas leyes inferiores y superiores, y lo que podamos violar serán siempre las inferiores, jamás las superiores, que permiten precisamente que con nuestro libre albedrío podamos tener un margen de error y equivocarnos.

Correspondencia es exactamente, la experiencia que corresponde a una necesidad de aprendizaje, de una manera matemáticamente exacta. La situaciones que vivimos los seres humanos no son injustas, sólo son correspondientes con nuestra necesidad de aprender; si cambiamos nuestro estado interior podemos dejar de ser correspondientes con lo que nos ocurre en el presente y hacernos afines a otro tipo de personas y situaciones de un nivel superior de correspondencia. Por eso lo que nos ocurre no es bueno ni malo, sino necesario, es lo que necesitamos en cada instante. Jamás una persona es el problema de otra, ni una situación externa es un problema. Si empezamos a pensar así encontraremos magia en la vida.

El principio de correspondencia podemos entonces resumirlo de otra

> ## Lo que nos ocurre no es bueno ni malo, sino necesario

manera, como: "Como adentro es afuera; como afuera es adentro". Todo lo que sucede alrededor de una persona refleja lo que le está ocurriendo por dentro. Esto significa que cuando una persona es desordenada con sus cosas, está demostrando su desorden interno. Por el contrario, quienes están en el otro extremo y son muy rígidos con el orden, están reflejando una rigidez mental en sus ideas. Lo de adentro es como lo de afuera y viceversa.

El Principio de Correspondencia es útil, además, para ayudarnos en momentos de crisis. Si en un momento determinado te sientes deprimido, angustiado o preocupado, arreglarte físicamente o mejorar tu aspecto personal, inmediatamente influirá en tu estado interno. Si tu vida es muy caótica y problemática, comienza por poner en orden tu escritorio, tu armario o tu dormitorio. El orden en lo exterior te ayudará a encontrar el orden en lo interno.

La ley de correspondencia es un motor pensante gestado desde la ley del mentalismo que es la que tiene el conocimiento de todo lo que existe en todos los universos, así como en todas las personas y en lo que nos rodea. Sabe cómo y cuándo, debe distribuir la energía y la correspondencia que le toca a cada individuo en cada momento.

> **La vida nunca nos enviará una experiencia que no podamos asumir**

Por tanto es un motor pensante de sabiduría y amor, dado que detrás de todo ese proceso hay un propósito divino.

La ley de correspondencia es la que sabe en cada momento lo que cada individuo tiene que experimentar, porque sabe su nivel de conciencia. La vida nunca nos enviará una experiencia que no podamos asumir, porqué conoce nuestras limitaciones.

Este principio guarda el conocimiento de nuestros registros. Esta ley está constituida por diferentes jerarquías, desde los arcángeles a maestros ascendidos, que son los que se encargan de ayudarnos en todos nuestros procesos, si les pedimos ayuda.

Por este principio nacemos en una ciudad o país determinado, bajo cierta familia y condiciones, para poder cumplir nuestro proceso de aprendizaje. El conocimiento de este principio nos permite comprender el porqué de las desigualdades sociales, económicas o culturales. Hay diferentes niveles de conciencia y de procesos de aprendizaje.

También se encarga de programar a los padres y personas que le corresponden a cada individuo, para convertirlas en un imán y atraerlas hacia su vida. Así es como ciertas personas se encuentran, por eso unas personas se atraen entre si y otras se repelen.

Si dentro de un grupo numeroso de gente dos personas se encuentran y enamoran es porque hay un magnetismo por el cual esas personas se atraen, no por casualidad. Ese magnetismo corresponde a su propio nivel de vibración, por eso atraeremos a nuestra vida a personas afines y a las que según nuestro nivel de frecuencia vibratoria resuenan y atraen como un imán, tal como veremos en el siguiente capítulo, que se refiere al principio de vibración.

El programa mental, que cada uno de nosotros tiene, genera una correspondencia externa por la ley de afinidad; cuando pensamos en satisfacción creamos una afinidad con experiencias de personas que también son amorosas, ahí es donde se produce la magia. No existe una persona que pueda hacer feliz a otra, ni existe una persona que pueda hacer infeliz a otra. Lo que la cultura nos dice en el sentido de: "vas a encontrar a una persona que te hará feliz "es una creencia terriblemente negativa para la mente, porque así sólo encontraremos desilusiones en la vida, ya que esa persona no existe en el universo. La única persona que pueda hacernos feliz ya esta está aquí, y soy yo.

> **No existe una persona que pueda hacer feliz a otra, ni existe una persona que pueda hacer infeliz a otra**

El secreto de relaciones armónicas entre los seres humanos es muy simple: yo aprendo a ser feliz por mí mismo, atraigo lo correspondiente: personas que saben hacerse felices a sí mismas, y comparto la felicidad con otra persona, resultando una felicidad al cuadrado, eso es todo el secreto, pero si espero a que aparezca alguien para hacerme feliz esperaré toda la eternidad porque eso no va a suceder.

Por ley de afinidad, la persona que tiene pensamientos negativos atrae personas que tienen también esos mismos pensamientos; un ejemplo que nos permite comprender como pensamos es que, si alguien acude a una cita y se retrasa, pensamos que le puede haber ocurrido algo malo, nunca pensamos que se retrasa porque algo maravilloso le ha ocurrido. Se refiere a esta ley el conocido refrán: "quien a buen árbol se arrima buena sombra le cobija" así como el "dime con quién andas y te diré quién eres".

Como lo que es arriba, es abajo, en la Tierra hay diferentes dimensiones de conciencia. Si estás viviendo desde el miedo, la carencia o la enfermedad, por el principio de vibración te quedarás atrapado a lugares conflictivos. Pero si, la actitud mental, emocional y comportamiento, es de amor y comprensión, y además entiendes que eso ya no te pertenece vivirlo, en ese momento, el principio de Correspondencia actúa y te aparta de los peligros, y atrae a tu vida a personas semejantes, amorosas, de alta conciencia que te enseñan a salir de la situación

Es necesario permanecer en estado de paz interior diciendo: "a mí ya no me pertenece sufrir". Aunque estemos rodeados de un infierno, si tenemos paz y amor, no nos afectará lo que ocurre e incluso podremos ayudar a todos aquellos que por ley de correspondencia se dejen ayudar. A esa comprensión la llamamos impasibilidad: consiste en que deje de afectarte lo que sucede a tu alrededor, conservando tu estado de paz. El dominio sobre las emociones. A veces hay personas que sufren mucho al ver las noticias de guerras y calamidades en la televisión; se sobresaltan ante cualquier noticia, ven peligros donde no los hay. Ser impasible, equivale a comprender que son nuestros estados internos los que se afectan, y no lo que sucede fuera. Alguien por ejemplo, podría estar en una boda muy alegre y feliz y otro triste, debido a que su pareja acaba de abandonarlo. Por eso diremos, que los eventos en nuestra vida son siempre neutros; lo que los cataloga

> **Ser impasible, equivale a comprender que son nuestros estados internos los que se afectan, y no lo que sucede fuera**

como positivos o negativos es nuestra reacción frente a los mismos.

En un funeral los familiares más allegados suelen estar muy tristes y desconsolados, mientras que los más lejanos, se hallan más serenos. Es el vínculo emocional lo que provoca esas reacciones. Aun así, si el familiar es creyente, tiene fe que el ser fallecido continua viviendo en otra dimensión, sufre menos que aquel que tenía apego y cree que todo terminó. Aun en este caso observamos diferentes respuestas emocionales. La clave para dejar de sufrir se halla en la impasibilidad; ahora bien no caigamos en el error de confundir esa virtud con el pasotismo o la indiferencia. Esto se daría cuando no nos preocupamos por nadie, somos egoístas, y nos da igual todo.

El ser impasible es compasivo, comprensivo y amoroso, pero ha aprendido a no sufrir. Ha comprendido la realidad desde otra perspectiva, desde la visión de que los estados internos son una cosa y los eventos externos otra, y que podemos crear, modificar o transmutar nuestras emociones y sentimientos. El impasible sabe cómo ayudar conscientemente al otro; y en el caso que no quieran escucharle, de todos modos generará empatía, escuchará, apoyará al que sufre o que quizá no quiere dejar de sufrir.

Hay personas que les gusta sufrir, les parece con ello que son mejores personas, que preocuparse por los demás es bueno; en realidad por mucho que suframos por otra persona con eso no le ayudaremos en nada, en todo caso lo que podemos es aumentarle su sentimiento de victimismo o tristeza. Si el sufrimiento sirviera para cambiar a los demás, en el mundo, ya habría dejado de existir, y en cambio la realidad nos muestra que es al revés.

Espacio vacío

Un buen ejercicio que podemos hacer para cambiar nuestras correspondencias y afinidades consiste en desprenderse de todos los utensilios o artefactos que no funcionan o que no se utilizan en la casa. No es bueno conservar ropa que no se va a usar, libros o revistas que no se van a leer u otros objetos que no cumplan una función útil. Se puede vender, donar o regalar aquello que uno ya no necesita. Es importante dejar lugar para lo nuevo. Esto es otra ley conocida como "ley de espacios vacíos". Uno tiene que vaciarse para que otras cosas nuevas puedan llenar ese lugar. De hecho la naturaleza tiene la tendencia a ocupar o rellenar aquello que ha quedado vacío y así es en nuestra vida. También por esa razón, tenemos que desprendernos de todo nuestro pasado que ya no nos corresponde y olvidarlo, para permitir que algo nuevo surja. Tiene que haber cierto espacio vacío en la casa, porque de lo contrario, lo nuevo no puede entrar. Si se acumulan muchas cosas viejas en la casa significa que se vive atado al pasado, a los recuerdos y eso no permite el cambio. Se debe conservar solamente aquello que es útil, positivo y necesario. Hay objetos antiguos que pueden ser muy útiles, no interpretes que lo viejo es malo, porque definitivamente, no es así. Solamente aquello que ya no te sirve es de lo que te desprenderás. Despídete de todo lo que ya no usas con amor. Bendícelo y hazlo circular.

De acuerdo con lo que somos por dentro, atraemos a personas y situaciones. Esto significa que todo lo que nos ocurre, bueno o malo, está reflejando pautas de pensamiento guardadas en nuestra Mente. Las personas que nos quieren y ayudan, reflejan la parte más favorable de nuestra conciencia, mientras que aquellos que nos generan problemas, nos envidian o nos pelean están reflejando la parte más oscura de nuestra propia conciencia. Dicho de otra manera, las personas que son más negativas solamente vienen a nuestra vida para recordarnos que tenemos ciertas pautas mentales que sanar.

Si una persona tiene una pareja que la maltrata, le miente, la engaña y demás… esa pareja está reflejando lo que la otra persona cree del amor o asocia a la idea del amor. La solución en este caso no es cambiar de pareja, sino cambiar de pensamiento. Si el cambio no se produce por dentro, entonces la persona volverá a elegir otra pareja que volverá a maltratarla. Esta idea es difícil de asimilar porque es más fácil encontrar al culpable fuera de nosotros. Cada uno tiene al perfecto culpable de su propia infelicidad: su pareja, sus padres, sus hijos, su jefe, sus amigos, sus vecinos, o incluso, se culpa al gobierno, al mal tiempo, a la economía, o a la mala suerte.

A partir de ahora, cada vez que surja algún problema es conveniente que te preguntes a ti mismo: "¿Qué significa esto en mi vida? ¿Por qué o cómo estoy creando esta situación?" De esta manera, descubrirás la creencia que te ha llevado a vivir tal situación. Para cambiar dicha creencia deberás poner en práctica todo lo aprendido en el Principio del Mentalismo. Cuando un nuevo pensamiento positivo se afirme en tu Conciencia, aparecerán las personas o las situaciones externas que te lo confirmarán. En síntesis, puedes considerar tu situación actual como un espejo de tu estado Interno.

La correspondencia también se manifiesta en sueños. Los sueños se manifiestan en varios niveles, los más elevados, en los que existen las premoniciones y los sueños lucidos, nos dan una información superior, que según la ley de correspondencia se nos permite recibir.

Cuando una persona muere, los familiares suelen tener visiones y sueños con los seres fallecidos. Si las personas están preparadas para recordar, la ley de correspondencia les deja verlos, pero si no están preparados aunque los vean, no pueden recordar. Así pues este principio actúa sobre la memoria. No se centra ni en sentimentalismos, apegos ni emociones, sino en el proceso de evolución de la conciencia. La ley de correspondencia actúa en todas las dimensiones. Es perfecta, no se equivoca jamás. Incluso en el caso de un accidente, es porque el alma ha elegido ese proceso, como en el siguiente ejemplo. En el veremos que en realidad la vida no termina, sigue existiendo en otros niveles. Lo que para unos es una tragedia, para el ser que lo experimenta, es sabiduría.

Una mujer muy reconocida en su trabajo y de gran capacidad, decidió de repente cambiarse de vivienda a otra mayor, adquirir un vehículo grande de 7 plazas, en contra de la opinión de su familia. Al cabo de poco tiempo entró en un estado profundo de depresión, fue ingresada en un hospital y mientras estaba allí su hermana, cuñado e hijos sufrieron un grave accidente de tráfico mientras se dirigían a visitarla. La consecuencia es que la pareja falleció y los dos niños resultaron ilesos. A raíz de este suceso a la mujer se le generó un gran sentimiento de culpabilidad. Sin embargo, al entender cómo funciona la ley de correspondencia comenzó a recuperarse, sacó su fuerza interior y recogió a los niños en su casa, adoptándolos, comprendiendo ahora por qué compró la casa y el vehículo grande. La habían inspirado los guardianes de la ley de correspondencia. Esos niños debían experimentar ese abandono para despertar el agradecimiento y su responsabilidad, y la mujer: el amor, la fortaleza y el compromiso que había adquirido con estas almas de ayudarles en esta situación. Una prueba de amor incondicional que le ha dado el valor para curarse.

Otro ejemplo: una joven terminó sus estudios con notas brillantes y encontró un trabajo, que perdió poco después. Se había independizado de los padres, pero al perder el trabajo no podía pagar su vivienda y tuvo que irse a vivir de nuevo con ellos. Lloraba enojada por tener que depender de los padres. En su creencia pensaba que no era justo aprovecharse de ellos. Cuando entendió la ley de correspondencia, aprendió que era una prueba de humildad y aceptación. Que a sus padres les correspondía ayudarla y venció su orgullo. Justo el mismo día que llegó a dicha comprensión, le llamaron de un trabajo en Inglaterra que le permitió independizarse económicamente e irse a vivir a otro país. La conclusión es que la relación con los padres se volvió armónica dado que ella agradeció a los padres su ayuda y estos, quedaron contentos de haberla ayudado a ser libre.

Otro ejemplo: Una mujer tenía una buena relación con su madre, no así su hermana que apenas la visitaba. Esta hermana se casó con un hombre de mucho dinero y llegó el día en que la madre enfermó. Justo en ese instante, la hija que la amaba y cuidaba se quedaba sin trabajo ni recursos. A la madre la tuvieron que ingresar en una residencia, y esta hija se sentía culpable porque ahora no podía ayudarla económicamente. La hija, casada con el hombre rico, tenía que pagar íntegramente el coste de la residencia. La mujer, al entender que era lo que correspondía, que hasta ahora, ella había cuidado de la madre, pero que a partir de ahora, la

> **Renuncia a cambiar lo que sucede a tu alrededor y cambia tus estados internos para que te hagas correspondiente con otras situaciones**

vida mostraba con claridad que debía cuidarla su hermana, En resumen, esta información del principio de correspondencia, llevó a esa mujer a curar su sentimiento de culpa.

Renuncia a cambiar lo que sucede a tu alrededor y cambia tus estados internos para que te hagas correspondiente con otras situaciones.

VII
El Principio de Vibración

Nada está inmóvil; todo se mueve; todo vibra.

Este tercer principio nos enseña que todo vibra, es decir, tiene movimiento, y que lo estático no existe en el Universo. Así, la Tierra gira perpetuamente alrededor del Sol y con ella todo lo que existe, el cerebro a través de las neuronas, el palpitar del corazón, el ritmo respiratorio, etc. se mueven constantemente. A niveles diminutos de la materia, todo átomo tiene electrones dando vueltas alrededor del núcleo, en un movimiento tan rápido que visto desde la distancia parece que fuera un espacio sólido. De hecho lo que llamamos materia es un espacio vacío en su mayor parte. Cada átomo es como un globo hinchado; en su parte exterior los electrones dan vueltas a tal velocidad que desde fuera parece una estructura solida, aunque no es así, y la distancia desde la película externa hasta el centro es un gran espacio vacío. Nuestra percepción lo ve como materia, pero se trata de una ilusión, debido a nuestra limitada capacidad de percibir la rapidez de su movimiento.

Hay diferentes escalas de movimiento o vibración desde el espíritu que se mueve muy rápido, hasta lo denso, más despacio. Un niño lleno de vida, será por naturaleza inquieto, se mueve mucho, pero cuando llegamos a ancianos nos volvemos lentos y torpes, nuestro nivel de vitalidad ha bajado.

La ciencia ha demostrado claramente que todo está en movimiento, todo está formado por moléculas que se mueven, y que a su vez están formadas por átomos que también se mueven y a su vez por iones y electrones que también se mueven. De alguna manera desde la creación más minúscula hasta la más inmensa, como las galaxias, todo está en movimiento continuo. Ese movimiento, tiene escalas de velocidad; es decir, puede ir muy lento, tan lento que no seamos capaces de percibir el movimiento, o muy rápido, tan rápido que tampoco seamos capaces de percibir dicho movimiento. Así en una escala infinita de velocidades toda la creación divina se mueve.

El mundo está en constante movimiento y todo tiene una diferente frecuencia vibratoria. Los gases en una, los líquidos en otra, los sólidos en otra; las personas también tenemos diferentes grados de vibración. Todo depende de nuestros pensamientos y emociones, que son las que nos hacen subir o bajar la frecuencia vibratoria.

Si la mente está llena de preocupaciones y angustias, la frecuencia de vibración baja mucho. Parte de la sabiduría consiste en mantener nuestra vibración alta; así, aun cuando se pierda la sabiduría o la comprensión, en un momento determinado, podamos evitar que la energía se caiga.

Las partículas atómicas y subatómicas vibran en distintos ritmos y velocidades. Nuestros pensamientos y emociones provocan distinta vibración; Si vibras en amor atraerás a personas amorosas, si vibras en rencor, atraerás a persona rencorosas y violentas. De ahí que la rabia crezca más, porque la energía tiende siempre a expandirse. De ahí la necesidad de la transmutación. Si vibramos en amor, sentiremos paz y armonía y atraeremos a seres que vibran en la misma frecuencia. Por eso es tan importante actuar con el corazón ya que tiene una alta frecuencia y crea situaciones perfectas a nuestro alrededor. Se trata de sentir profundamente desde un estado de paz, dicha y gozo, no desde un estado emocional que siempre generará sufrimiento.

Imaginemos una escalera que se extiende hasta el infinito con innumerables peldaños. Cada uno corresponde a un nivel determinado de vibración. En un momento determinado podemos subir o bajar por esa escalera, debido a nuestro libre albedrío. Por ejemplo, la alegría nos hace subir, la tristeza bajar. Cuando en esta escala por ejemplo, estamos en el peldaño 70 y otra persona en el 60, la persona de mayor nivel tiene que aceptar y respetar a la otra persona sabiendo que en su limitación no puede dar más de sí. El que está más arriba en lugar de criticar o enjuiciar al que está en inferior vibración, debe mostrarle el camino ya recorrido, con tolerancia y paciencia, para enseñar al otro mediante el ejemplo.

A veces los padres exigen de los hijos cosas que estos no pueden entender porque vibran en una frecuencia diferente y se produce un choque generacional. Entonces, lo mejor, es abrir el corazón para elevar la frecuencia vibratoria y el otro ser lo comprende, aunque la personalidad no lo acepte.

Ejemplo: Una madre, en una actitud de víctima, totalmente dependiente de la hija, al borde de la locura, intentó suicidarse, con el propósito de llamar la atención de la hija porque su objetivo es que ella se la llevara a su casa. Esta hija, sintiéndose culpable se llevó a su madre a casa, donde vivía con su marido e hijo. La madre comenzó a agredir psicológicamente al niño, porque lo veía como un rival respecto a la relación con la hija. La convivencia era imposible. La madre culpaba a la hija de que no la cuidaba lo suficiente. Llegó un momento en que la hija enfermó, e ingresó al hospital. La madre tuvo que regresar a su casa y volvió a amenazar con suicidarse. Cuando la hija salió del hospital, los médicos le aconsejaron que permaneciera tranquila y no se cuidara de la madre. La gente empezó a criticarla al desconocer el diagnostico del médico. Cuando ella entendió que su madre estaba en una frecuencia más baja y ella tenía que enseñarle lo que los médicos le aconsejaron y lo que sentía su corazón; que estaba anulando su vida por llenar la de la madre y que ella tenía que amarse y valorarse por sí misma sin depender de la hija, procedió a decírselo con todo el amor del mundo, porque pensó: si yo me muero se queda sola mi madre, mi marido y mi hijo, y no estoy dispuesta a morir. Así le dijo a su madre que ahora le tocaba luchar por sí misma. Que la ayudaría en lo que necesitara pero no en lo que ella quisiera egoístamente. Cuando la hija comprendió esta situación dejo de odiar a su madre que en realidad era un rechazo a la manipulación.

Aquí vemos también como actúa la ley de correspondencia en el sentido de que madre e hija tenían algo que aprender, y como las falsas creencias atraían esta situación.

Al cabo de poco tiempo la madre falleció. La hija había sanado la relación y la vida le mostraba que el amor da la libertad.

La ley de vibración permite los cambios. Si actuamos con los bajos instintos animales, con la ley de la naturaleza humana, la vibración baja; como el instinto de supervivencia que nos conduce a la lucha, la competencia, violencia y agresividad. Se convierte en actitudes destructivas. Sin embargo, aun esas actitudes, para el universo son perfectas, dado que son el camino para desarrollar el instinto maternal, la protección y ternura hacia los hijos, el padre que lucha para conseguir alimento para sus hijos y protegerlos. En resumen, todas las experiencias son necesarias para obtener el discernimiento y convertirnos en seres amorosos, perfectos, felices.

Continuando con el ejemplo de la escalera, cada peldaño corresponde a un determinado nivel de conciencia o vibración. Dentro de la estructura de la evolución, siempre nos relacionamos cotidianamente con personas que están en nuestro mismo escalón, en el superior y en el inferior. A los que están un peldaño por encima los llamaremos "maestros". Son las personas que nos enseñan con su ejemplo o sus consejos y sabiduría. A los que están por debajo los llamaremos "entrenadores". Son las personas que nos dificultan nuestra vida y con las que normalmente luchamos o discutimos. Las primeras nos dan información. Las segundas nos enseñan a desarrollar las virtudes a través de experiencias difíciles. La suma de ambas, nos lleva a la comprensión y avance en nuestro nivel de vibración.

Si continuamos con el ejemplo de la escalera, encontraremos que hay relaciones más lejanas: muchos escalones más abajo se hallan personas con la que no nos relacionamos habitualmente en nuestra vida: ladrones, asesinos, delincuentes, drogadictos, etc. Nuestras relaciones cotidianas son con los niveles de vibración más próximos. Ellos, a su vez, tienen igualmente, un escalón por encima y otro por debajo, es decir, a sus propios maestros y entrenadores. El ladrón tendrá por debajo al asesino a quien enseñará que no es necesario matar a nadie, y este aprender de su maestro que se puede robar sin herir a nadie. Cada grado en la escalera nos lleva a cambiar nuestro mundo de relaciones y correspondencias. Así, en lugar de cambiar aquello que nos rodea, es mejor que cambiemos nuestra vibración, para hacernos correspondientes con otro tipo de personas y experiencias.

Por el otro lado de la escalera tendremos a los maestros de sabiduría, ángeles y seres espirituales en tramos mucho más altos. Tampoco nos relacionaremos frecuentemente con los mismos en nuestra vida, dado que la distancia entre peldaños es elevada.

Esto no significa que, puntualmente, sin embargo, de modo extraordinario, si se produzca algún encuentro, aunque sin compartir las vidas respectivas. A pesar que no nos relacionemos con ladrones, eso no nos evita que alguna vez seamos robados. Podría darse el caso que estuviéramos muy apegados a nuestros bienes materiales y necesitáramos pasar por esa experiencia para aprender a ser más desprendidos. Pero aun así, nuestra relación será con el hecho del robo, no con el ladrón en sí, con el cual no nos unirá ningún vínculo.

Por el otro lado, con los maestros de sabiduría pasará lo mismo. Tal como explicamos en nuestra obra "Angelos", los ángeles no se presentan en carne y hueso, sino que inducen determinados pensamientos en la mente de las personas para que pueda llegarnos su ayuda. Es decir, como dice el Kybalion hay grados y grados. Podemos tener en alguna ocasión alguna experiencia metafísica o una visión con un ser de luz, un maestro o presencia divina, pero no será lo habitual cada día, porque nuestra escala vibratoria aún está lejos de ellos.

Ningún maestro de sabiduría reconocerá que lo es, por la sencilla razón de que es consciente de la escala evolutiva en vibración, y sabrá que siempre tendrá por encima seres de mayor nivel, de los que cuales tendrá que aprender eternamente. A su vez, por debajo, tendrá discípulos que le entrenarán en la paciencia, al realizar preguntas absurdas o con sus comportamientos todavía inadecuados. Estos a su vez, aprenderán de su maestro recibiendo información de sabiduría.

Para el TODO nadie es mejor que otra persona, ni vale más, pues toda vida es válida dado que se encuentra en un escalón distinto de vibración o evolución; sí existe una escala que ubica a todos los seres en lo que se llama escala evolutiva. En un patrón muy general lo vimos en el principio de correspondencia.

En general, hemos oído hablar de personas de baja vibración, como el típico comentario "esa persona me da malas vibraciones". Son aquellos que se pasan todo el día criticando destructivamente a los demás, que son esclavos de su ego, aquellos que piensan siempre lo peor. En definitiva, aquellos individuos que tienen comportamientos denominados destructivos, mantienen una baja vibración; el mero hecho de realizar en algún momento una de estas cosas ya es motivo de que nuestra vibración sufra un descenso. De manera que cuantos más comportamientos destructivos tengamos, más nos irá bajando nuestra vibración. Baja la vibración al condenar, prohibir, y en definitiva dejar de respetar el libre albedrío de los demás ¿Y qué consecuencia tiene? Cuando dejamos que nuestras vibraciones bajen nos hacemos más y más vulnerables a las desgracias. Nos dejamos arrastrar por todo lo que nos pasa y nos perdemos en un mar de confusiones y dudas continuas. En conclusión: somos mucho más infelices.

Nada reposa; todo se mueve; todo vibra.

*Para cambiar vuestra característica o estado mental,
cambiad vuestra vibración.*

Este texto del Kybalión nos recuerda que si procuramos cambiar nuestra vibración, podremos cambiar también nuestra mente. Y viceversa, cambiando nuestros pensamientos cambiamos la vibración. Se trata de un camino de doble sentido, mente y vibración estarán estrechamente unidas. ¿Y cómo se puede mantener una alta vibración? Realizando todos aquellos actos que son denominados constructivos.

> **Si procuramos cambiar nuestra vibración, podremos cambiar también nuestra mente. Y viceversa**

Podemos usar diferentes técnicas para elevar nuestro nivel de vibración, además de cambiar nuestros pensamientos egoístas en pensamientos de amor: escuchar música relajante, sea música clásica o new age; escuchar sonidos de la naturaleza: el agua, los pájaros, el viento, etc. Permanecer en contacto con la naturaleza; realizar actividades creativas; pronunciar mantras o sonidos sagrados como el AUM, o pronunciar *"Yo Soy uno con el corazón divino"*; realizar alguna actividad física que aumente nuestras endorfinas; meditar en silencio, sin ninguna clase de ruidos externos; relajarnos profundamente, descansando la mente; contemplar obras de arte armónicas y cosas bellas; objetos de geometría sagrada; cantar, etc. En realidad, hay muchas cosas que podemos hacer; en resumen, todo aquello que nos haga sentir bien, permanecer en estado de armonía y gran vitalidad, al existir una relación entre alta vibración y vitalidad, y baja vibración y agotamiento.

Las emociones no son más que el lenguaje que utiliza nuestro cuerpo para decirnos, de qué modo, nos estamos enfrentando a una situación determinada. La felicidad, la tristeza, la culpa, los celos, la rabia, el miedo o la alegría generan la secreción de ciertas hormonas. Por ejemplo: el miedo, libera la adrenalina; la rabia, el cortisol; y la felicidad, la serotonina. Ahora bien, nuestro cerebro no sabe diferenciar, si un pensamiento es sobre un hecho real o imaginario, de manera que ordena la producción de las hormonas correspondientes tanto si estamos reaccionando ante una situación en la que nos encontramos, como si nos la estamos imaginando. En definitiva, el poder está en nuestra mente y en lo que cree, no en los hechos en sí mismos. Por esa razón el miedo nos paraliza, porque aquello que imaginamos que pueda suceder para la mente ya es un hecho, y nuestra reacción química, produce un gran estado de ansiedad.

Sin duda, todos preferimos sentir emociones "positivas", y evidentemente sus efectos no sólo nos benefician a nivel psíquico sino también físico. Cualquier emoción surge a partir de un pensamiento o creencia, que es lo que determina de qué forma reaccionamos ante un hecho concreto, y la mejor forma de cambiar nuestro estado emocional es cambiar lo que pensamos. No obstante, a veces nos cuesta mucho ver las cosas desde otra perspectiva, y por mucho que lo intentemos no lo conseguimos. Y cuantas más vueltas le damos al tema, lo único que hacemos es hacer la pelota aún más grande, y quedarnos enredados en una espiral sin fin, que nos arrastra cada vez más, a sentir aquello que no queremos sentir. Aunque, no caeremos en el hecho de creer que hay emociones buenas ni malas, dado que estas últimas también tienen su papel en nuestra vida: nos sirven de trampolín para que aumente nuestro deseo de sentirnos bien, y esto despierta nuestra creatividad y nuestra motivación para cambiar las cosas.

Así pues, otra forma de modificar lo que sentimos, es enfocar nuestros pensamientos en cosas que nos hagan sentir bien, en lugar de continuar pensando en aquello que nos preocupa. Esta tarea no resulta sea fácil, pero como todo en la vida, es cuestión de práctica y entrenamiento. De todo el rango de emociones que existen, por otra parte ocurre que cada una de ellas puede variar en intensidad, y lo que no podemos pretender, es pasar de una pena profunda a un gran entusiasmo rápidamente. En la escala de las emociones existen muchas entre estas clases, de menor a mayor vibración: miedo, ansiedad, rabia, aburrimiento, satisfacción, alegría. De lo que se trata es de reducir la intensidad de la emoción que nos sobrecoge y, si es posible, dar un salto en la escala y sentir una de las que están por encima. Por eso es importante conocer qué posición en la escala, ocupa cada emoción. Notaremos que cambiamos de nivel cuando nos sentimos mejor. Cuando afirmamos "que mal me encuentro" es que nuestra vibración es baja pero si reconocemos que nos hallamos mejor, sin duda, es que habremos pasado a otra escala de vibración. Si pasamos de sentir un miedo profundo a sentir ansiedad, por ejemplo, habremos subido un poco en la escala y nos sentiremos algo mejor. Desde ahí podremos ir pasando poco a poco a otro nivel, hasta que nuestro estado emocional se encuentre dentro del rango de las emociones más positivas.

* *Busca cosas a tu alrededor que puedas apreciar y valorar positivamente.*

Una de las mejores maneras de dejar de pensar en cosas negativas es la meditación, pero no todo el mundo sabe o quiere meditar. A continuación tienes tres formas de conseguir modificar el estado anímico desviando la atención de aquello que te genera malestar.

A veces lo vemos todo tan negro que nos olvidamos de un montón de cosas que generalmente damos por sentadas. Si estás en casa, aprecia que tienes un lugar donde vivir, comida en la nevera, corriente eléctrica para iluminarte, agua (que incluso es caliente cuando lo necesitas), una cama donde dormir, un ordenador o un libro en el que estás leyendo estas palabras, conexión a Internet... y seguramente tienes ropa suficiente para cambiarte cada día, chaquetas para no pasar frío, etc. Si tienes hijos, por mucho que a veces sean tu fuente de preocupación, piensa en todas las cosas buenas que tienen... Aunque tengas problemas con ellos, seguramente encontrarás muchas cosas que apreciar en ellos y en vuestra relación. Si estás fuera de casa, en el trabajo, en la calle, en un hospital, haciendo cola en el banco, etc., busca algo que, por pequeño que sea, te haga centrar la atención en la belleza y te despierte una buena sensación:

una planta, el sol, un pájaro, un paisaje... Hay muchas cosas que nos pasan desapercibidas o que estamos tan acostumbrados a tenerlas que ya no les damos ninguna importancia, pero no todo el mundo tiene las mismas comodidades que nosotros, o dinero en un banco, o los ojos abiertos en una cama de hospital para ver el sol que entra por la ventana. Concéntrate un rato en todo lo que consideras bueno por un motivo u otro, y sólo este pequeño esfuerzo reducirá la intensidad de tu malestar.

* *Imagina o recuerda una situación que te haga sentir bien.*

Como al cerebro le da igual si lo que pensamos es realidad o ficción, no importa si lo que pensamos es real o lo estamos imaginando, para que modifique nuestras emociones. Seguramente has vivido momentos felices, momentos de ilusión, momentos divertidos... Intenta recordar alguno de ellos de la forma más vívida que puedas, como si estuvieran sucediendo ahora. Y si te cuesta recordar alguno, imagina cualquier situación que ahora mismo querrías vivir (unas vacaciones, una relación, un nuevo trabajo, una fiesta, etc.), y recréate en ella todo lo que puedas. Cuanto más rato pases recordando o imaginando, más centrada estará tu atención en ello y más se desviará de aquello que te hacía sentir mal.

Para generar una mejor vibración personal, cuidaremos el lenguaje. Las palabras soeces tienen una vibración muy baja y afectan tanto al ambiente como a las personas. Puedes utilizar una palabrota una vez, como descarga de tu enojo, pero será un problema cuando se convierten en vocabulario habitual.

Otras palabras que tienen vibración muy baja son aquellas que pronuncian cuando uno se queja, o critica a alguien. Tengamos presente que la palabra tiene poder creador.

Procuraremos estar alegres y tener sentido del humor. La risa eleva nuestra vibración, también podemos imaginar momentos felices de nuestro pasado y recrearnos en ellos. Démonos cuenta que habitualmente, lo que nos gusta recordar, son los sufrimientos y dificultades del pasado. Cambiemos este hábito.

Podemos aumentar nuestra vibración entrando en contacto con los seres angelicales. (Ver nuestro libro *Angelos* donde detallamos el proceso para lograrlo) Especialmente el ángel guía, también llamado maestro interior, el cual nos elevará la frecuencia vibratoria por el solo hecho de tomar conciencia de su presencia y nos transmitirá ideas o información si hacemos la pregunta interiormente

Así que, de la misma manera que en nuestras vidas hay bajas y altas vibraciones, a gran escala también encontraremos estas diferencias en vibración. Aquello a lo que se llama las tinieblas, seres diabólicos, la oscuridad, el mal, etc. posee una vibración muy baja, mientras que aquello a lo que llamamos divino, el bien, la luz, ángeles, maestros, etc. son creaciones divinas de elevada vibración. Y como todo se mueve, todas las creaciones pueden bajar y subir de vibración según su comportamiento. El mal se puede convertir en bien y viceversa. Esta es una enseñanza que nos muestra Mozart en su obra "La Flauta Mágica". En ella los personajes que parecen malos al comienzo de la ópera terminan siendo los buenos al final, y viceversa. Lo que llamamos bien y mal en realidad no existe, tan solo se trata de distintas frecuencias vibratorias. Es como un termómetro que mida los grados de temperatura. ¿Qué es calor y que es frío? En realidad no existen. Solo dependen de nuestro punto de vista relativo.

¿Qué importancia tiene en nuestra vida la ley de vibración? pues que actuará como un imán, atrayendo y repeliendo a gente. Quiere decir esto, que aquellos individuos negativos sólo encontrarán gente como ellos, mientras que aquellos individuos positivos estarán rodeados de buena gente. Como dicen el refrán "Dios los cría y ellos se juntan" o bien "el ladrón cree que todos son de su condición". Generalmente tenemos a nuestro alrededor a individuos de similar vibración a la nuestra, o de una vibración un poco inferior o un poco superior. Pero nunca de una diferencia abismal. Los de vibración superior actuarán como maestros, enseñándonos, y los de inferior, de entrenadores, para ponernos a prueba en nuestro camino de crecimiento personal.

Aprendimos que existe una correspondencia entre lo que vivimos fuera y lo que vibramos adentro; que la realidad que nos rodea no es más que un espejo de nuestro interior. Esto significa que si vivimos un caos, sin amor, con problemas económicos, o enfermos, es porque existe una idea o programación que nos lleva a atraer eso. La conciencia es un observador que asimila lo que la personalidad comprende.

> **La conciencia es un observador que asimila lo que la personalidad comprende**

En el Universo donde vivimos no existe nada que sea totalmente estático. Todo se encuentra en un continuo movimiento, una continua vibración y transformación. Cada parte del Universo tiende a transformarse en algo mejor, evoluciona hacia un nuevo nivel de existencia. En nuestro orden personal, la vida nos empuja siempre a vivir de una manera mejor. Las crisis aparecen cuando permanecemos rígidos o inflexibles en una posición. Cuanto más cerrados estemos en una posición o idea, más fuerte será el esfuerzo que hará el Universo para movernos de allí. Por eso es que la gente sufre grandes crisis y luego cambia. Algunas personas necesitan pasar por enfermedades, accidentes o pérdidas para darse cuenta del valor que tienen ciertas personas o su propia vida. Hay otras personas que caen en la inercia y no toman decisiones; cuando eso ocurre, el Universo mismo toma las decisiones por ellos.

De acuerdo con el Principio de Vibración debemos aprender a prepararnos para los cambios en la vida. Según este principio, si tiendes a aferrarte a una vivienda, una pareja, un trabajo, una amistad, o a cualquier objeto que te dé seguridad, lo más probable es que tarde o temprano lo pierdas. ¿Por qué? Porque en el Universo no existe nada que se encuentre inmóvil. Por ello una gran herramienta es la libertad. Dar libertad a todo lo que crees que tienes. En realidad es mejor pensar que no tienes nada sino que solo lo disfrutas temporalmente. Es lo que los budistas denominan "el camino del desapego". Ese es el camino para terminar con el sufrimiento que se basa generalmente en el miedo a perder lo que creemos que nos pertenece.

Esto no significa que tengas que quedarte sin vivienda, familia, trabajo o pareja; sino que lo que hoy estás viviendo no se repetirá en el futuro. No hay manera posible de repetir el pasado. Existen parejas que, después de haberse separado, deciden volver a estar juntos con la intención de ser como antes. Esto es un camino seguro a la frustración. Es posible que la reconciliación los lleve a vivir una mejor relación que la del pasado, pero nunca será igual. Cuando damos libertad y vivimos en desapego nos sentimos llenos y felices y paradójicamente, entonces no nos falta de nada.

Ejemplo: Luisa tenía cuatro hijos. Estaba desesperada, porque su hijo drogadicto se había suicidado. Vivía con angustia porque no comprendía porque Dios no lo había salvado, ya que era una mujer devota, que rezaba a menudo por él. Al cabo de cierto tiempo un segundo hijo murió accidentalmente, por lo que se multiplicó su angustia y su desespero. Se hallaba desconsolada y mientras, su tercer hijo murió de un infarto. Aumentó su desesperación. Llegó un día a nuestra consulta. Le explicamos que todas las almas antes de nacer escogen un programa de lo que quieren vivir, hacer y cómo quieren morir. Le respondimos que Dios no se lleva a nadie, ya que se halla en el interior de cada ser humano, y es cada alma, quien elige su tiempo y forma para marchar. Luisa se sentía culpable porque no había podido ayudarles. Le dijimos que ella había cumplido con su misión, como madre, de darles la oportunidad de vivir y crecer. Pero el libre albedrio de estas almas permitió que hubieran decidido marchar de esta forma. Que ella les dio la oportunidad y que ahora la mejor opción, era dejar de sentirse culpable, aprender a aceptar todo lo que ha ocurrido y comprender que si le ocurrió eso a sus hijos, es porque así estaba escrito. Ella tenía una prueba de desapego y ahora tiene la oportunidad de empezar a generar su futuro sin sufrimiento. Está en su elección seguir con el sufrimiento o liberarse del mismo.

Empezó a sentirse mejor, después de repetir lo siguiente: "Yo soy esencia creadora, la fuerza del universo está en mi interior y deseo hoy crear dentro de mí la paz y transmutar mi destino de sufrimiento. Acepto el amor y reconozco que estoy al servicio del universo y que ahora puedo crear el amor que mi otra hija necesita para seguir viviendo. Desde mi corazón, a mis hijos les envío los lazos de amor, pues ellos siguen viviendo en otra dimensión y así ahora lo comprendo, y al aceptarlo, me siento libre y con paz interior. Al menos he comprendido que no es Dios quien produce la tragedia sino la experiencia que cada alma trae consigo al nacer. Todos somos hijos del universo y todos podemos crear lo mejor. Lo más importante es comprender los porqués".

La angustia, las preocupaciones, el sufrimiento, el miedo, las emociones más negativas, nos llevan a vibrar en el nivel más bajo de la escala de vibración que comentábamos anteriormente. Mientras una persona se mantenga vibrando bajo, sólo atraerá a su vida a personas o situaciones que aumentarán su malestar. Este es el estado que la gente define como "la mala suerte". La respuesta a esto es muy sencilla: mientras la persona se mantenga vibrando en ese nivel, continuará atrayendo las cosas de dicho nivel. Hasta que esa persona no cambie su vibración personal, no se manifestarán ni la alegría, ni la salud, ni el amor, ni la suerte en general.

Los niveles altos de vibración se relacionan con estados de paz, amor y felicidad. Aquí no existen problemas, miedos o enfermedades. Cuando uno vibra en este nivel, lo que uno piensa, se manifiesta inmediatamente. El reconocimiento del poder personal es total y absoluto y, por lo general, se lo utiliza para servir a la humanidad. En la actualidad cada vez más personas reconocen este poder, en ocasiones, algo que pensamos termina por suceder en un periodo muy breve de tiempo. Esto nos enseña que hay responsabilidad por nuestros pensamientos, ya que al ser la mente creadora, como explicamos en el capítulo del Mentalismo, todo pensamiento tiende a convertirse en manifestación en la realidad que nos rodea.

Identificamos un nivel más bajo de vibración cuando nos sentimos peor, y más alto cuando nos sentimos mejor, dentro de la siguiente escala:

El reproche, la queja, las lamentaciones fruto de una falta de gratitud, nos comienzan a bajar la vibración. De ahí puede surgir la apatía, la pereza, momentos en que no tenemos ganas de nada, de ahí al descontento. Si seguimos sintiéndonos peor, el descontento nos llevará a la inseguridad, ella a las dudas, a la rabia, la ira, el rencor, el orgullo, la arrogancia y la soberbia, el odio, el resentimiento, y el miedo. Y al final del camino tendremos la depresión, y sentimientos auto destructivos.

Cada uno de estos niveles nos hace sentirnos mejor que el otro. Por ejemplo, si tenemos orgullo nos sentiremos mejor que si tenemos odio o miedo, si tenemos dudas estaremos mejor que en el orgullo, dado que comenzaremos a dudar de aquello que creemos y podremos salir del orgullo; el descontento nos ayudará a salir de las dudas, porque nos permitirá buscar lo verdadero…

La gratitud es la línea que nos eleva o nos hace perder el equilibrio. Cuando damos gracias nos abrimos a las emociones positivas. De la gratitud pasaremos a la esperanza, la confianza, la flexibilidad, la tolerancia, la benevolencia, la humildad, la generosidad, la prudencia, el discernimiento, el amor y la alegría, que será el sentimiento más elevado y de mayor vibración. Como nos enseñó José Antonio Portela, un antiguo maestro nuestro, la alegría es más elevada porque se contagia más que el amor.

Los seres humanos estamos diseñados para sentir naturalmente seis emociones o sentimientos. Estas emociones funcionan con las leyes de la naturaleza y son perfectas para ayudarnos a cumplir los propósitos de la creación: sobrevivir, comunicar, crecer y trascender.

Nuestro original paquete emocional está integrado en tres parejas: el miedo y la seguridad; la ira y el amor, la tristeza y la alegría. Están organizadas por polos complementarios que naturalmente generan soluciones y construyen nuevas opciones de bienestar y salud. Como a la noche le sigue el día, al invierno el verano, y al hambre la saciedad, los polos emocionales van del no placer al placer, en un proceso de retroalimentación constante. Cuando sientes miedo, pides y recibes protección para regresar a la seguridad; cuando sientes ira, expresas tus motivos, pides comprensión y cuando la recibes vuelves al amor; cuando sientes tristeza, lloras, pides y recibes consuelo para retornar a la alegría.

La mayor parte de nuestro tiempo los seres humanos estamos seguros, amorosos y alegres, pero no somos conscientes de nuestro bienestar.

Expresar sanamente nuestras emociones, requiere pues, darnos cuenta, sentirlas y disfrutarlas; esto es, vivir conscientemente.

Las emociones naturales también tienen jerarquía, en la base emocional están el miedo y la seguridad, seguidos por la ira y el amor y en la cima emocional tenemos la tristeza y la alegría. Estas emociones existen para sustentar y expandir el amor. El amor se sustenta en la seguridad y se expande en la alegría.

Sentir es lo primero y lo más importante en la vida, no es posible no sentir, desde el momento en que estamos vivos.

Los niños llegan al mundo con su paquete emocional natural, el papel de los padres es orientarlos en la expresión de sus emociones, para que los niños refuercen sus redes neuronales emocionales y naturales, y adquirieran las habilidades y destrezas necesarias para vivir en armonía consigo mismos, los otros y el ambiente. Un niño necesita el amor para reforzarlo en él y crecer; en un adulto se espera que haya crecido haciéndose hábil y creativo en su expresión. Madurez es la palabra que resume este proceso, otro término moderno que lo define es Inteligencia Emocional.

El sabio sirve en lo superior, pero rige en lo inferior. Obedece a las leyes que están por encima de él, pero en su propio plano y en las que están por debajo de él, rige y ordena. Sin embargo, al hacerlo, forma parte del principio en vez de oponerse al mismo. El sabio se sumerge en la Ley, y comprendiendo sus movimientos, opera en ella en vez de ser su ciego esclavo. Semejantemente al buen nadador, va de aquí para allá, según su propia voluntad, en vez de dejarse

arrastrar como el madero que flota en la corriente.
Sin embargo el nadador, el sabio y el ignorante,
están todos sujetos a la ley. Aquél que esto comprenda,
va en el buen camino hacia la Maestría.

Este texto del Kybalión nos enseña que en cuanto mejores tu vibración personal, mejorarás la vibración de todos aquellos que te rodean. Esta es la forma más efectiva de cambiar a los demás. Con sólo mejorar uno mismo, mejoran las relaciones con los otros. Este principio nunca funciona al revés, ninguna persona de vibración baja puedes disminuir tu vibración, salvo que te encuentres débil, de ser así, no estabas vibrando alto. Este fenómeno es lo que llamaríamos un "vampiro energético" o el fenómeno de "vasos comunicantes" que solo se daría entre personas de baja vibración. Es cuando estamos con alguien que se encuentra muy bajo y después de una conversación nos dice: "¿sabes? después de hablar contigo me siento mucho mejor" En cambio nosotros nos sentimos agotados. Hay personas que tienden a alimentarse de la energía de otros: personas que quieren ser el centro de atención o protagonistas, gente que siempre se queja o reclama, personas que se hacen las víctimas. En estos casos entenderemos que actúan como entrenadores nuestros, para que no caigamos en ese tipo de energías.

Ejemplo: Una madre tenía mucho miedo a que su hijo tuviera malas compañías. Esa vibración de miedo atrajo justamente lo que ella no quería: que el hijo empezara a relacionarse con delincuentes y drogadictos, hasta que terminó cayendo también en el vicio. Ella cada vez estaba más preocupada y angustiada, y el hijo más enganchado a la droga. Le daba dinero para que no fuera a robar. La madre aprendió que tenía que sacar la mente de la vibración de miedo y la colocara en el amor; es decir, que entendiera que el hijo tenía su destino de aprendizaje, que era su libre elección, que ella solo lo amara, sin preocupación. Que respetara la decisión de él. Cuando comprendió el mensaje cambió su vibración, empezó a agradecer al universo la oportunidad de desarrollar el amor por su hijo, y este empezó a cambiar y a pedirle a su madre que lo llevara a un centro de desintoxicación. Al día de hoy está totalmente curado. La vibración de ella atrajo el cambio de vibración del hijo.

La preocupación complica la solución de un problema porque baja el nivel vibratorio. Una falsa creencia de nuestra cultura nos dice que una madre debe preocuparse por su hijo o viceversa. Sin embargo, desde el punto de vista metafísico, la preocupación puede ser muy dañina porque aumenta la fe en lo negativo y agrava el problema, tal como hemos visto en el ejemplo anterior. Esto no significa ser indiferente al problema, sino todo lo contrario; la diferencia esencial reside en que debe mantener toda la atención posible en la feliz solución. La fe de la madre en la curación de su hijo en el ejemplo anterior, será la mejor ayuda que él pueda recibir.

Cada vez que queramos ayudar a alguien, tendríamos primero que elevar al máximo la energía o vibración personal y después entrar en contacto con la persona necesitada. En síntesis, para ayudar a otros uno tiene que estar muy bien consigo mismo; de lo contrario, podemos caer en el fenómeno de vasos comunicantes. La actitud de un sano egoísmo y pensar en sí mismo primero; solo podemos ayudar con lo que ya tenemos. Si no tenemos algo, no podemos ofrecerlo a los demás. Otra falsa creencia de nuestra sociedad es que tenemos que desprendernos de lo nuestro para dárselo al otro, pero no podremos compartir si no tenemos con qué. Dar sin contraprestación por otro lado, puede generar agotamiento en los recursos o de la energía de quien da, y aprovechamiento y egoísmo de quien lo recibe. Desde un alimento reciproco, como pueda ser el agradecimiento, el cariño o en un plano más material, el dinero, para compensar la ayuda recibida, las relaciones serán armónicas; de lo contrario dar, sin recibir nada, originará una descompensación que a la larga, perjudicará las relaciones.

VIII
El Principio de Polaridad

*4. Todo es doble, todo tiene dos polos; todo tiene su par de
opuestos: los semejantes y los antagónicos son lo mismo;
los opuestos son idénticos en naturaleza, pero diferentes en
grado; los extremos se tocan; El arte de polarizar
es una alquimia mental.*

Este principio hermético nos enseña que todo es dual, todo tiene su par de opuestos. Amor-odio; Placer-disgusto; Orgullo-humildad, Luz-oscuridad, etc. En ocasiones habremos escuchado que los polos opuestos se atraen. Y es que efectivamente hay siempre una relación entre los opuestos: entre el dominado y el dominador, entre los defectos y las virtudes. Lo interesante que nos plantea este principio es que resulta posible cambiar o transmutar las vibraciones de un polo por el otro. De hecho cuando nos dice que el arte de polarizar es una alquimia mental, nos habla de transmutación o cambio de nuestras actitudes.

Así, todo tiene su opuesto y para evitar sus efectos, existe el arte de polarizar; la polarización consiste en no prestar atención al polo que no interesa, y centrar toda la atención en el polo opuesto, para potenciarlo. De este modo, cuando queremos erradicar algún defecto, en lugar de luchar contra el, y estar pensando siempre en como desterrarlo, la técnica consistirá en olvidarnos de él, y practicar la virtud opuesta. Es decir, si no quieres ser orgulloso, practica la humildad. Si no quieres tener miedo, practica el valor; es decir procura hacer exactamente lo contrario de aquello que temes, de este modo, practicarás la polaridad. Si tienes frio en una casa, para combatirlo, lo que harás, es encender la calefacción, o sea potenciar lo opuesto, el calor.

> **La polarización consiste en no prestar atención al polo que no interesa, y centrar toda la atención en el polo opuesto, para potenciarlo**

A medida que practicamos este sistema llegamos a comprender que no existen experiencias buenas ni malas, sino experiencias de aprendizaje necesarias. En el caso de que haya situaciones dolorosas, que para nosotros son malas, debemos sacar lo mejor de ellas y neutralizarlas. Si uno está sufriendo por una persona querida que está enferma, con sufrir, lo que hace es potenciar energéticamente al otro y transmitirle su dolor. Es mejor, intentar dar amor, confianza, seguridad, valor, y el conocimiento, para que busque la causa que provocó ese dolor. Simplemente cambiando el pensamiento y la actitud sobre el problema o la preocupación, cambia el ritmo y la frecuencia, y el dolor se convierte en conciencia o conocimiento. Si una persona ha pedido la fe, es porque ha puesto expectativas en algo o alguien que no le correspondía; para vencer la situación de falta de fe, tiene que comprender, polarizar y neutralizar, simplemente sabiendo que el amor y el resultado que esperaba, está ahí. Siempre la luz interior aparece en los momentos más difíciles de la vida de una persona, así como la fe, porque el universo se la entrega al haber buscado en el interior. Cuando una persona llega a un máximo estado de sufrimiento, llega a afirmar que lo que está ocurriendo no se lo desea a nadie; en ese momento comprenderá a la otra parte.

Neutralizar significa irnos al polo contrario. En el caso del miedo, como decíamos, desarrollar el valor, olvidándonos del miedo. No potenciarlo, de esta manera encontramos el punto medio. Recordemos de acuerdo al primer principio, el Mentalismo, que allí donde se sitúa la mente se sitúa la energía. Aquello que pensamos es lo que alimentamos.

Esto es a lo que se refiere el Kybalión con las siguientes palabras:

Para destruir un grado de vibración no deseable, póngase
en operación el principio de polaridad y concéntrese
la atención en el polo opuesto al que se desea suprimir.
Lo no deseable, se mata cambiando su polaridad.

Con los años, nos hemos encontrado con personas obsesionadas con eliminar de sí mismos elementos como: la lujuria, el orgullo, la ira; es decir, lo que consideraban defectos psicológicos. Con los años nos encontramos que estas personas en lugar de cambiar y deshacerse de esos elementos los tenían aún más grandes. Es decir, concentrar la atención en el Ego, lo fortifica en lugar de disminuirlo. Esa actitud es debida al desconocimiento del funcionamiento del principio de polaridad.

Nuestra vida está sometida siempre a la polaridad y al ritmo. O estamos en pensamientos positivos o en negativos, en la alegría o en la tristeza y melancolía. Oscilamos de un lado para otro con los acontecimientos; el poder de esta ley nos enseña a unirnos a la parte superior del péndulo que es nuestro Yo superior, quien está libre de oscilaciones, ahí todo es perfecto. Es el aquí y ahora. De esa manera neutralizamos lo que aparentemente es bueno y malo. O sea, que tenemos que aprender a estar por encima del péndulo, pidiendo a nuestro ser superior que nos mantenga en el punto neutro que es el equilibrio. Ese es el punto de amor o neutralidad. Como quiera que al estar en el centro no tomamos parte sino que observamos con imparcialidad no nos afecta lo que ocurre. Desde ahí surge la comprensión de que lo que observamos son circunstancias pasajeras. Perdemos el miedo. Cambiar la polaridad la practicamos cuando elogiamos lo bueno en lugar de criticar, solicitamos en lugar de mandar, vemos las crisis como una oportunidad. En definitiva detrás de todo lo que consideramos malo descubrimos siempre algo bueno. Y esto es algo que siempre se da en cualquier situación.

Ejemplo: Una persona tiene miedo a volar en avión. En lugar de pensar en lo que pueda ocurrir debe centrarse en el amor y propósito que le lleva a ese lugar y sentir que está haciendo lo correcto. El amor interno que le lleva a ese lugar hace que se pierda el miedo y puede comenzar a disfrutar del viaje.

Ejemplo: En una empresa cuando el jefe, en lugar de censurar los defectos de los empleados, les plantea en que pueden mejorar les motiva. Esto hará que se neutralice la polaridad y se equivoquen menos y presten más interés.

Ejemplo: en el entorno laboral aplicamos la polaridad cuando en lugar de pensar cuánto dinero vamos a ganar, pensamos como podemos servir y cómo podemos dar de nosotros lo mejor que tenemos. Esa es la mejor manera de atraer a la prosperidad.

En nuestra mente opera continuamente la polaridad. Un ejemplo es el del Amor-Odio. Hay varios dichos que hablan de que, del odio al amor hay un paso, y viceversa. Aunque todos comprendemos que son manifestaciones totalmente distintas, una de tipo positivo y otra de tipo negativo, no se puede negar que ambas son en su esencia lo mismo al poderse cambiar una por otra. La dualidad se puede transmutar en esencias similares y no distintas, es decir, el orgullo podríamos transmutarlo en humildad pero nunca en frío, oscuridad u otro elemento. Por ello, al tomar conciencia de aquello que queremos suprimir, inmediatamente nos daremos cuenta de qué es lo que tenemos que potenciar. En este sentido las virtudes existen como polaridad a los defectos, y para que brillen tienen que estar contrastadas mediante pruebas o situaciones difíciles. El amor por ejemplo, brillará en un entorno agresivo y hostil, no entre personas amorosas. Esto es lo que Cristo nos enseñó como: "ama a tus enemigos", claro, amar al amigo no tiene ningún mérito.

Hay que polarizar todas las emociones negativas que creamos con la ignorancia: el descontrol, el miedo, uniendo conscientemente el pensamiento las emociones y las acciones con la ley divina superior. Pasar de la desunión a la unión.

Ejemplo: Conocimos a un hombre muy enfermo llamado Pablo, cuya enfermedad se había creado a base de miedo y rencor hacia su padre y su familia. Había caído en la bebida, en los reproches, en sentirse abandonado. Gestó un mal carácter, provocando que la vida fuera más dura para todos los que rodeaban. No hablaba con nadie y cuando lo hacía se mostraba irritable, jamás era afable.

Le enseñamos a que no culpara a los demás de lo que le ocurría. A polarizar su odio en amor. A amarse a sí mismo y con ello aprender a perdonar y perdonarse, enseñándole a conectar con su niño interior y a unirse conscientemente con su parte divina o espíritu. A que dejara de odiar y empezara a amar. Que en lugar de sentirse solo aprendiera a reconocer que estamos todos conectados a través de redes y se conectara con el amor de los demás. Así empezó su desintoxicación. Pablo comenzó a razonar positivamente. Liberó su culpa y sus emociones de amargura y las cambió por amor y especialmente gratitud. Esto le condujo a tener fe y esperanza, a confiar en los médicos y en un tratamiento, dado que antes lo rechazaba. Polarizó su actitud y sanó.

La comprensión del Principio de Polaridad nos permite producir grandes cambios en la vida. Cuando armonizamos los opuestos empezamos a encontrar la unidad en todo y reconocer que todo es perfecto, dado que cada cosa ocupa su lugar y tiene una función que cumplir. Si hay un TODO único, lo que percibimos como diferente no es real, ya que lo que existe en esencia es la Unidad. Si queremos acceder a un estado de paz y armonía, debemos aprender a encontrar la unidad en todo lo que nos rodea. Mientras más separación percibamos, más lejos estaremos de encontrar el amor y la paz, y estaremos llenos de conflictos.

Podemos ejercitarnos en reconocer que nadie es tan bueno ni tan malo como parece; que nada es tan bonito o tan feo como lo catalogamos; que nada es tan caro o tan barato. Cuando empezamos a ejercitarnos para encontrar la unidad en todo, el resultado que se obtiene es la paz. Así, hasta entender que materia y espíritu son también una polaridad de una misma esencia. Dicho de otra manera: no se puede vivir feliz en el mundo material sin tener espiritualidad y no se puede ser espiritual si no se tiene orden en el mundo material. Los dos extremos necesitan ser conciliados para lograr una vida armoniosa.

Lo único que no tiene opuestos es el Amor de Dios, que es incondicional, y permanente Dios nos ama y nos acepta tal como somos. Su aceptación es total y no hay ninguna clase de venganza o condena por su parte. Cuando hablamos de la polaridad amor/odio, por lo general estamos hablando de sentimientos o emociones románticas que no tienen nada que ver con el Amor. Ten siempre presente que el Amor incondicional no tiene opuestos.

¿Quieres encontrar pareja? Vuélvete amorosa. ¿Quieres combatir la maldad? Practica la bondad. ¿Quieres tener prosperidad? Aprende a dar, en lugar de pedir.

Las personas que tienen problemas económicos, deben empezar a dar y compartir algo de lo poco que tienen; es decir, deben pensar que están en el otro polo y comenzar a actuar como personas que disponen de recursos. Hay personas que piensan que Dios los va a ayudar económicamente porque ellos brindan su tiempo sirviendo en alguna ONG u organización caritativa. Si brindas tu tiempo, todo lo que recibirás a cambio es todo el tiempo que necesites para tu vida personal.

*"Todas las verdades son medias verdades, todas las
paradojas pueden reconciliarse"*

Esto significa que nadie en el planeta Tierra tiene la verdad completa, sino que todos tenemos nuestra parte de verdad. Al igual que con las piezas de un rompecabezas, uniendo nuestra parte con la de los demás, encontraremos la verdad completa. Por eso es importante escuchar a los demás. Siempre se aprende algo nuevo de los otros. Cuando criticamos a alguien que piensa o actúa de manera diferente a la nuestra, en realidad, nos estamos cerrando a la posibilidad de aprender otra parte de la verdad.

En el camino de la evolución espiritual se debe evitar todo tipo de fanatismo. Las actitudes sectarias, fanáticas, extremistas, integristas e intransigentes, están situadas en un extremo de la polaridad. Por lo tanto, nunca conducirán a la Paz o la comprensión. La Verdad está siempre en el medio. Este mensaje también lo transmitió el Buda: El camino de las nobles verdades, el camino del medio.

A veces nos encontraremos con personas que se quejan que dan mucho pero reciben poco. La persona que está acostumbrada a dar siempre se encuentra parada en uno de los polos o extremos y, mientras se mantenga en esa posición, no habrá manera posible de que reciba algo del Universo. Esto se debe a que la persona está vibrando con la Energía del Dar y carece por completo de la energía opuesta, la del Recibir. Por lo general, estas personas se sienten incómodas cuando reciben un regalo o cumplido; en el peor de los casos, lo rechazan por completo. En estos casos será necesario que la persona aprenda a recibir. La aplicación del Principio de la Polaridad nos permite transmutar las energías de un polo al otro para manifestar un determinado resultado.

Podemos cambiar ese pensamiento imaginando que en lugar de la persona en sí que nos hace el regalo es el universo que usa a esa persona para darnos algo que necesitamos. En este caso lo que haremos, será agradecer tanto a la persona como al universo ese obsequio, dinero, o lo que sea que recibamos. A veces rechazamos el recibir por orgullo, porque creemos que no necesitamos nada de nadie, o para evitar algún tipo de compromiso de la persona que nos da. Cualquiera que sea el pensamiento negativo, deberá ser eliminado y reemplazado por otro de gratitud.

Cuando esperamos algo y no nos llega, probablemente es debido a que no somos suficiente agradecidos. La gratitud es una herramienta extraordinaria para abrirnos a la prosperidad. ¿Y cómo nos lo muestra la Ley? A través de personas que no nos dan lo que esperamos de ellas: cuando no recibes el amor que deseas de tu pareja, cuando no te otorgan el aumento de sueldo esperado en el trabajo, cuando no logras lo que esperas de tus amigos, o en cualquier otra situación en la que el resultado no responde a tus expectativas; eso nos está enseñando que no estamos listos para "recibir".

La ley de polaridad está estrechamente ligada a la libertad individual, lo que llamamos "libre albedrío". La Ley permite que el ser humano pueda equivocarse, para así aprender de sus errores, ya que esa es la única manera de crecer espiritual y conscientemente. El libre albedrío no es más que la libertad que tenemos de elegir nuestros pensamientos. A partir de ahí, el destino reflejado en el designio de los astros, o en las cartas del tarot, puede y debe cambiar, dado que esos sistemas sirven solo para tomar conciencia de nuestro pasado y presente, para así poder generar el futuro que deseamos. Solo en aquel que no tiene voluntad para generar cambios internos, el destino se le cumplirá, porque será el resultado de lo que ha sembrado en el pasado. En aquel que cambia sus actitudes, el destino será cambiado por otro proceso, dado que habrá aprendido las

> **El libre albedrío no es más que la libertad que tenemos de elegir nuestros pensamientos**

lecciones de la vida. Frente a una situación conflictiva, uno puede elegir entre protestar-enfadarse o aprender.

Debido a las falsas creencias religiosas o de la sociedad muchas personas se resignan a sufrir situaciones de carencia, pobreza, soledad, enfermedad, o cualquier forma de negatividad. Hay gente resignada a aceptar su infortunio diciendo: "Es la voluntad de Dios". Sin embargo, una persona que practique los principios herméticos sabe que la "Voluntad de Dios es siempre su felicidad". Cuando surgen problemas es porque, de alguna manera, estamos quebrando alguno de los principios que estamos estudiando en este libro y lo que debemos hacer, es tomar conciencia de ello, corregir el error y obrar positivamente. Solamente funcionando como Dios lo hace, podremos traer el Cielo a la Tierra.

Ejemplo: Lourdes era una mujer, que se sentía sola, abandonada por su marido, y con sus padres fallecidos con seis meses de diferencia. Además, al quedarse sin trabajo, se sumergió en una depresión. Tenía dos hijas de 17 y 10 años respetivamente. La tristeza le fue envolviendo y empezó a beber cada vez más. Su hija mayor le rogaba que no bebiera. Viendo que no podía conseguirlo y que el ambiente era insoportable, se marchó de casa. Pasaron dos años y la hija seguía sin querer saber nada de la madre. Esta, cada vez peor, perdió a la hija pequeña, cuando los servicios sociales le retiraron la custodia. Cada vez más angustiada, acudió a pedirnos ayuda. La primera sesión solo sirvió para tranquilizarla, pero el segundo día comenzó a escuchar con más atención. Todo su deseo era recuperar a su hija pequeña, Miriam, que por entonces tenía 12 años.

Le enseñamos el funcionamiento de la ley de polaridad. "Lourdes –le dijimos– deja de culparte y de creer que Dios te ha castigado. El es luz, amor, orden y perfección y no quiere destruir tu vida. Cambia lo negativo. Ahora céntrate en la imagen de que estás curada y que recuperas a tus hijas. Imagínalo firmemente. Acepta que ellas tienen también su destino y que lo que ha ocurrido era necesario para su aprendizaje".

Lourdes necesitó mucho de tiempo de práctica y entrenamiento en permanecer en estado de gratitud, en lugar de queja, en agradecer lo que había vivido, en lugar de culparse. Practicando este principio de polaridad, al cabo de cuatro años consiguió, por fin, curarse. Los médicos y el psiquiatra le dieron el alta. La hija mayor que ya tenía 23 años regresó a su casa. Los servicios sociales le devolvieron a la pequeña, que ya tenía 16 años, pero aún era menor de edad. Se trata de un ejemplo para demostrar que no existen situaciones irremediables, sino que en nuestras manos está la posibilidad del cambio interior, que permite modificar las situaciones externas por muy difíciles que sean.

IX
El Principio del Ritmo

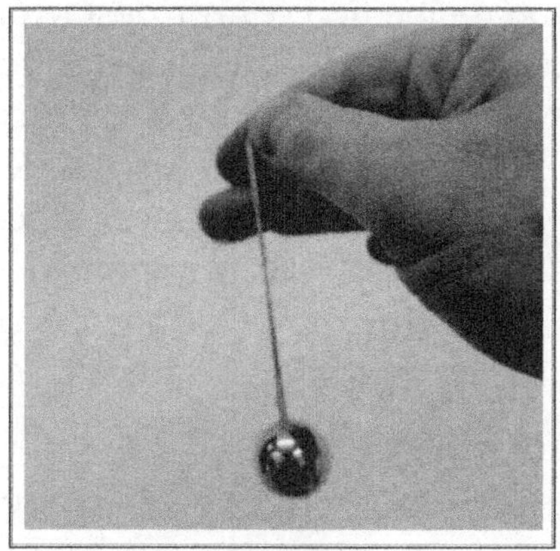

Péndulo

5. Todo fluye y refluye; todo tiene sus períodos de avance y retroceso, todo asciende y desciende; todo se mueve como un péndulo; la medida de su movimiento hacia la derecha, es la misma que la de su movimiento hacia la izquierda; el ritmo es la compensación.

Si nosotros cogemos un péndulo y lo soltamos hacia un lado, observaremos que tras llegar al final de ese lado, poco a poco, se va dirigiendo hacia el lado contrario. Lo más importante es que el mismo recorrido que realiza hacia la izquierda, después lo va realizando hacia la derecha. Es a esto a lo que se refiere la ley, cuando habla de compensación. En el universo como en los seres que habitan en él, ha de existir un necesario equilibrio que sólo se ve alcanzado por esta compensación.

La compensación enseña que todo esfuerzo, tarea o servicio debe ser compensado de alguna manera. El profesor a cambio de su tiempo y enseñanzas recibe un pago por parte de sus alumnos; el padre recibe cariño de su hijo cuando este recibe un regalo, el terapeuta que sana al enfermo recibe una contraprestación económica por su trabajo. De ahí que se suele decir que si el paciente no corresponde con algún tipo de intercambio, la sanación no se produce. En último caso, el hecho de agradecer sinceramente ya supone de por si algún tipo de intercambio, aunque sea afectivo, en este caso.

> **La compensación enseña que todo esfuerzo, tarea o servicio debe ser compensado de alguna manera**

Cuando no cumplimos este principio, no respetamos el ritmo y la compensación; cuando no respetamos los ciclos del sueño, o bien el intercambio que acabamos de explicar, lo que se provoca es el agotamiento de los recursos y la energía de quien da, y se provoca el aprovechamiento y comodidad de quien recibe. Este utiliza a quien da, el cual se sentirá utilizado, rompiéndose la barrera del equilibrio.

Al día le sigue la noche y a la noche el día. Si no existiera la ley de compensación podría haber un desequilibrio en el que tuviéramos excesivo calor o excesivo frio, falta o exceso de radiación solar, y no sería posible la vida. Otro caso es el de las estaciones, el verano se complementa con el invierno y viceversa. Las cuatro estaciones mantienen un equilibrio lógico. Al clima también le pasa lo mismo, a largas épocas de sequía le suele suceder períodos de lluvia intensa. El manantial de agua se retroalimenta de la lluvia, el suelo del bosque de la podredumbre de las hojas, las tierras agrícolas del abono o desechos orgánicos, etc. Si no existiera esa contraprestación se produciría el agotamiento de los recursos.

*El ritmo puede neutralizarse mediante
el arte de la polarización.*

Es importante conseguir desvelar cuáles son nuestros ciclos, para poder neutralizarlos. Es decir, la ley del ritmo no se puede destruir, pero eso no significa que no se pueda escapar de ella, en lo que se llama la técnica de neutralización

El mismo movimiento pendular que se da en el plano físico, también se da en los mundos emocional y mental. Esto quiere decir que tanto nuestro humor como nuestros pensamientos también responden a ese ritmo. Como ejemplo, podemos decir que después de un período de gran tristeza, pesadumbre o dolor, se sucede otro lleno de gran alegría, felicidad y satisfacción. A veces, los cambios de humor se dan incluso en el mismo día; uno se siente optimista y alegre, y al rato, triste y preocupado. El iniciado debe aprender a dominar este movimiento pendular para evitar el arrastre hacia la polaridad no deseada.

Este principio está muy relacionado con el anterior: el Principio de Polaridad. En cada extremo del péndulo podemos ubicar uno de los polos opuestos, y así vemos claramente, cómo oscilamos de un extremo al otro. El Kybalión define a este ritmo como compensación. Elevándose a un plano superior la oscilación del péndulo queda a nivel más bajo y no afecta. Pero hay que polarizarse en el Ser en lugar de la personalidad. Objetivo: alcanzar la Imperturbabilidad.

Cuando una persona se encuentra en el polo de la tristeza, debe saber, que en algún momento la vida lo llevará hacia el polo de la alegría, lo desee o no. Cuanto más profunda sea la primera, mayor será la segunda. El ritmo siempre comienza por el polo negativo. La Rueda de la Fortuna, imagen medieval que encontramos en el Tarot, nos ilustra acerca de estos cambios repetitivos, cíclicos, en que cuando subimos luego bajamos y viceversa. Aprender a reconocer en la vida estos ciclos, nos permite prepararnos, para cuando estos cambios tengan lugar y no desesperarnos cuando estamos de caída, porque sin duda luego tendremos una buena racha.

Existen casos en que las personas parecen haberse quedado estancadas en uno de los extremos del péndulo; esto es porque sus pensamientos les han bloqueado y obligado a permanecer en esa parte de la rueda, dejando de fluir con la corriente de la vida. Podemos comparar esto con el hecho de nadar. Cuando se nada en contra del movimiento de las olas se requiere mucho más esfuerzo y, a veces, ni siquiera así se puede regresar a la costa. Sin embargo, cuando aprovechamos el empuje de una ola y nadamos en la misma dirección, avanzamos con más rapidez y menor esfuerzo.

Sin embargo lo más inteligente para el iniciado, es aprender a escapar completamente a este movimiento pendular. Para lograrlo, busca situarte arriba del péndulo, donde no hay movimiento de arrastre.

En el Universo, todo tiene su propio ritmo: las actividades, los trabajos, las relaciones, la salud. Cuando uno aprende a fluir con ese ritmo, no sufre. Por ejemplo, hay negocios que funcionan más en verano que en invierno; hay mercaderías que son más requeridas en ciertas épocas del año que en otras; hay actividades que se incrementan hacia fin de año, como las ventas de Navidad. Hay momentos que necesitamos trabajar y otras descansar y dormir. Momentos para estar con la familia, momentos para disfrutar de unas vacaciones. Es decir, se trata de repartir nuestro tiempo en todas las áreas de nuestra vida. El cuerpo femenino debido a su ciclo menstrual es más sensible y por eso percibe más intuitivamente que el hombre los ritmos naturales.

Las relaciones humanas también tienen su ritmo y se mueven a través de ciclos. Momentos de armonía y entendimiento entre las personas, momentos de desencuentros y discusiones. Si aplicamos este principio hermético a las relaciones humanas, podremos también evitar que una discusión o un malentendido, rompa el vínculo, al reconocer que se trata solo de un proceso cíclico, que luego será reemplazado por un momento de mayor armonía. Así, dejaremos de potenciar y dar importancia a las diferencias humanas.

El iniciado deberá aprender a fluir con el péndulo, para luego mantenerse en el punto que desee sin dejarse arrastrar por el movimiento negativo.

Podemos usar también los ciclos de la Luna para aprovecharlos en sus respectivos ritmos. Así, mientras la Luna se encuentra en fase creciente, podemos aprovecharlo para comenzar cualquier proyecto: hacer dieta, empezar a escribir un libro o comenzar cualquier negocio. Iniciar un curso, un viaje, es decir, todo lo que tenga que crecer y desarrollarse. Por otra parte, la fase menguante será ideal para finalizar todo lo iniciado con anterioridad. Es el momento de terminar un trabajo incompleto, finalizar algún trámite legal, separarse definitivamente de alguien, romper con el pasado, regresar de viaje, cerrar una compañía, finalizar un libro o proyecto, renunciar a un puesto…

Para poder corregir el movimiento pendular también podemos recurrir al uso de las afirmaciones, los decretos y los tratamientos espirituales. Una afirmación es una oración positiva escrita en tiempo presente y como dice su nombre afirmativa. Se recomienda repetirla muchas veces a fin de integrar ese pensamiento.

Los decretos se pronuncian una sola vez, y se afirman sin dudas y convencidos que lo que se dice ya es una realidad. El decreto se diferencia de la afirmación en que se pronuncia como una orden imperativa y desde un estado de conexión con el Todo, de ahí que se suele usar la expresión "yo soy".

Para que toda afirmación o decreto den resultado, es importante tener en cuenta los 3 aspectos siguientes:

1. Que lo hagamos desde un estado de conciencia de unidad con nuestro Ser. Podemos usar la expresión "Yo soy", como explicamos en capítulos anteriores, es decir, no sentirnos separados del Todo.

2. Realizar la afirmación en modo presente.

3. Agradecer por todo lo que se me concede ahora, y por todo lo bueno que viene a mi vida, que sé que es mucho y abundante.

El gran enemigo de estas técnicas son las dudas La duda tiene su raíz en los miedos y la baja autoestima, así como en decepciones vividas anteriormente. Las dudas representan al arquetipo del saboteador; cada vez que aparecen pensamientos negativos como "no puedo", "no es posible", "eso es difícil que suceda", etc., estamos saboteando nuestras afirmaciones y decretos, y no conseguiremos resultado alguno.

Ejemplo: Una paciente llamada Manoli estaba siempre enfadada con su marido y se discutían con frecuencia. Le reprochaba que no valía para nada, que no la ayudaba, lo tachaba de inútil. Que si su madre no le había enseñado las tareas del hogar, y demás. El se disgustaba, y así pasaban los años.

Manoli reconoció que, anteriormente, ella había tenido una relación donde el rol era exactamente el contrario. El hombre la trataba a ella de inútil. Reconoció un patrón mental que afirmaba "no me dejaré pisar por nadie": de ahí esa actitud de intransigencia con su marido. Al final el marido terminó dejándola.

Manoli vino a pedirnos ayuda. Enseguida comprendió que se había ido al otro extremo del péndulo. Había desequilibrado la balanza. Entendió que para estar en pareja era necesario el respeto, el dar y recibir. Compartir tareas pero, a través del pacto, llegar a acuerdos. Valorar y no exigir. Actuar sin reprochar ni oprimir. Le enseñamos que cuando te vas a un extremo del péndulo, luego caes en el extremo opuesto. Lo importante es subir el nivel de comprensión, en un estado neutro. En lugar de enfadarse, que dirigiera su atención hacia estimular y valorar las virtudes y cualidades del marido. Al cabo de un año ya se había ejercitado en este entrenamiento, y el marido regresó con ella, ya que en realidad la amaba; lo que no soportaba era su carácter, al haber cambiado este, el marido se reconcilió y ahora son felices.

La posesión del conocimiento, si no va acompañada
por una manifestación y expresión en la práctica
y en la obra, es lo mismo que el enterrar metales preciosos:
una cosa vana e inútil. El conocimiento, lo mismo
que la fortuna, deben emplearse

Este texto nos refiere, que el ritmo se manifiesta a través del estudio, la meditación o la oración, combinado con momentos de manifestación, práctica y obra. Quien comprende esto se da cuenta que las simples creencias no nos conducen a ninguna parte y que hace falta la acción. De hecho la epístola a Santiago en el Nuevo Testamento comienza diciendo "la fe sin obras es fe muerta".

Necesitamos actuar, trabajar interiormente cada día, auto observándonos y reflejando eso en nuestros comportamientos, a fin de ir afianzando el cambio del sistema de creencias por otra forma de pensar distinta.

En aquel que tiene conocimiento se genera una comprensión de que tiene que compartirlo, o usarlo para el beneficio ajeno, así el conocimiento es como un tesoro, dice el Kybalión, que no podemos dejar enterrado, sino que hay que usarse.

El OSAR es la primera cualidad hermética, siendo las otras, CALLAR; SABER y QUERER: Cada una de ellas nos enseña a vencer un tipo característico de miedo:

Cualidad hermética: **OSAR**
Miedo a enfrentarse, a actuar, a equivocarse.
Actitud para vencerlo: VALOR
Afirmaciones a usar: Me atrevo a… Si me equivoco será algo positivo, ya que me servirá para mi aprendizaje. Todo es perfecto.

Cualidad hermética: **CALLAR**
Miedo a perder, a ser juzgado y perder la aceptación de los demás.
Actitud para vencerlo: RENUNCIA
Afirmaciones a usar: Acepto que… Renuncio a cambiar a los demás; (en realidad nadie puede cambiar a nadie, solo uno mismo a través de la comprensión).
A imponer mis ideas… Renuncio a lo que deseo y me abro a lo que me quiera dar el universo.
(No confundir, la renuncia con la resignación. Esta únicamente aparece si no hay comprensión).

Cualidad hermética: **SABER**
Miedo a ser abandonado, a quedarse solo.
Actitud para vencerlo: DESAPEGO
Afirmaciones a usar: Amo sin posesión. Nada me pertenece. Respeto a la experiencia de cada cual. Solo disfruto y no sufro.

Cualidad hermética: **QUERER**
Miedo a morir, a dejar de ser.
Actitud para vencerlo: ADAPTABILIDAD
Afirmaciones a usar: Me integro por amor, sin separación…

Todo es perfecto y completo y está interconectado.
Soy un ser espiritual viviendo una experiencia material temporal y pasajera.

La vida nos enseña a valorar lo que tenemos, a disfrutar de todo lo que hacemos y aprovechar lo que existe a nuestra disposición.

Los sentimientos revelan nuestros estados mentales. Cuando los sentimientos no son voluntarios sino automáticos, están sujetos a la dualidad y al ritmo; cuando los sentimientos son automáticos es como una pelota de ping-pong. Como dice el Kybalión: necesitamos neutralizar los opuestos. Es decir, no dejarnos llevar por emociones variables. Cuando alguien es muy sentimental, es muy vulnerable a las emociones ajenas. La persona se vuelve susceptible, se siente ofendida y puede llegar a destruir su mundo de relaciones. Hay que volverse invulnerable a la acción externa, pero no confundamos eso con la indiferencia; eso no significa volvernos indiferentes, sino comprensivos, es decir, que nada exterior a nosotros tenga el poder de influir sobre nuestras emociones. No es lo mismo ser invulnerable o impasible que ser indiferente. En este último caso los demás no nos importan. En el primero, la compasión nos hace interesarnos por los demás.

> **Cuando alguien es muy sentimental, es muy vulnerable a las emociones ajenas**

El sufrimiento aparece porque no aceptamos la realidad de la vida. La pérdida de paz se produce porque consideramos, según nuestras falsas creencias, que existen cosas malas y reaccionamos automáticamente ante ellas. Luchamos contra ellas para tratar de cambiarlas, en lugar de aceptarlas, o tratar de comprenderlas y eso nos conduce siempre a estados de amargura e insatisfacción.

En la vida, distintas generaciones han ido transmitiendo y sembrando a través de la historia, el odio, el separatismo, el clasismo. Nos lamentamos de lo mal que está el mundo. Pero, lo que vemos fuera, es lo que hemos ido creando con nuestros estados internos y falta de paz interior.

¿Alguna vez nos hemos planteado ser capaces de permanecer en paz y armonía, independientemente de lo que sucede a nuestro alrededor? ¿Alguna vez nos hemos planteado disfrutar de las cosas, aunque no nos pertenezcan? Si aprendemos a disfrutar sin poseer, no habría sufrimiento al no existir las envidias. No habría celos ni miedos a las pérdidas, pero eso nadie se lo plantea. Cuando comenzamos a generar paz en el interior y no esperar que venga desde fuera, nos situamos por encima de la ley del ritmo, contrarrestando sus efectos y no siendo víctima del mismo.

Por otra parte, permanecer en estado de armonía, influye en los demás, sobre los hijos, familiares y todo nuestro entorno. Cuantos padres separados influencian negativamente a los hijos, hablándoles mal de la madre o del padre, en lugar de enseñarles a respetar a todos los miembros de la familia, no importa como sean.

Hemos de enseñar a afrontar todas las situaciones desde la paz, sin críticas ni rabia, pues esas emociones generan violencia, odios y separación. Transmutar esas emociones nos permite sanar la herencia genealógica que se ha transmitido durante siglos. Ahora, nos llega la oportunidad del cambio, al leer estas líneas, una nueva información llega a la mente para tomar nueva conciencia.

"Yo estoy dispuesto/a a sembrar amor y paz. Abandono las limitaciones, dejo de condicionar a mis familiares con mis viejas ideas."

Si tu siembras en ti la paz y la armonía, y lo transmites a los demás, así, cada vez, aunque cueste tiempo, todos irán aprendiendo a quitar importancia a la negatividad con las leyes de neutralización o de polaridad; para esto necesitamos un entrenamiento mental, emocional y de actitud. Creando esta nueva forma de pensar, se gesta con el principio de generación un nuevo mundo, y los seres de mayor nivel de conciencia nos podrán ayudar a realizar un trabajo unificado, elevar y dar comprensión a las conciencias. Nos daremos cuenta que dentro de nosotros actúa el principio de generación y esto ayudará a cambiar a la humanidad, porque cada uno al ir cambiando y enseñando el cambio a los demás, hará que triunfe el amor y la comprensión.

X
El Principio
de Causa y Efecto

"6. Toda causa tiene su efecto; todo efecto tiene su causa; todo sucede de acuerdo a la ley; la suerte no es más que el nombre que se le da a la ley no reconocida; hay muchos planos de casualidad, pero nada escapa a la Ley."

Esta es una de las leyes más conocidas de los principios herméticos porque la asociamos a lo que llamamos Karma. Acción-reacción; causa-efecto. Todo tiene un por qué. Una causa que lo ha creado. Toda acción se convierte en la causa de un efecto posterior, y todo efecto es producido por una causa.

El enunciado de este principio nos señala que la buena y mala suerte no existen, sino que cuando llamamos a algo suerte, es porque, ignoramos la causa que ha producido esa situación y creemos que aquello ocurrió por casualidad. En conclusión hablaríamos de una ley matemática y perfecta donde todo está producido siempre por una causa. Nada escapa a la ley, como dice el Kybalión. Eso significa que todo debe tener una explicación y que la casualidad, la suerte o el azar no existen;

les damos esos nombres porque nos falta información de cómo ocurren los procesos de la vida. La suerte y la casualidad no existen, todo obedece a un propósito y tiene una causa.

Podemos afirmar que no existe la casualidad, sino la causalidad. Nada en el universo es casual, todo está perfectamente organizado y calculado. Si existiera el efecto aleatorio, el Todo sería un caos, algo desorganizado, y sabemos que eso no es así, sólo con mirar hacia las leyes universales. Lo que pasa es que nos falta mucha información. Es más fácil echarle la culpa al destino, o a otras personas, de aquello que la vida nos devuelve en desgracias, que admitir que nosotros hemos tenido algo que ver. El séptimo y último principio hermético, La Ley de Generación, cerrará el círculo y nos dará la respuesta final, en el sentido que nosotros generamos todo lo que vivimos y por tanto somos únicos responsables de todo lo que nos sucede.

El ser humano está dotado de libre albedrío. Dotado pues, de una capacidad de libertad de acción en su vida. De nosotros depende saber utilizarla en nuestro favor o en nuestra contra. Es el momento ideal para recordar esa famosísima frase de Jesucristo: "se recoge lo que se siembra". La naturaleza nos da pues la pauta. Si siembras negatividad, pensamientos oscuros, deprimentes, tristes, o todo lo ves mal; entonces recogerás todo eso que has pensado. Sin embargo si piensas en positivo, en amor, en la alegría de vivir; verás que recoges también todo eso que has pensado.

Todo efecto tiene su causa, pues la ley de mentalismo nos enseña que todo lo que pensamos lo creamos y si las causas son de baja vibración, sufrimos.

Ejemplo: un joven por diversión, comienza a drogarse. Baja su frecuencia vibratoria y crea causas negativas. Comienza a robar, crea más distorsión, se convierte en un ser violento y peligroso; como quiera que tiene libre albedrio puede hacerlo. El resultado es que la Ley le enfrentará a una serie de dificultades y dramas con gente afín a su vibración, hasta que se de cuenta que ese camino solo le acarrea sufrimiento y trate de encontrar una salida.

Generalmente el ser humano es capaz de discernir cuando conoce esta ley, de donde han partido las desgracias o beneficios que se están viviendo ahora. Pero hay algunos efectos cuya causa se ha originado en vidas pasadas y por ello no logramos a entender de dónde ha surgido, o se nos hace más difícil llegar a comprender cómo fue. Para ello suelen ser muy útiles las meditaciones profundas o las terapias regresivas.

Se suele pensar que el Karma es una ley ciega de acción-reacción, según el principio "ojo por ojo y diente por diente". Sin embargo el texto nos ha dicho

Nada escapa al principio de causa y efecto,
pero hay muchos planos de Causalidad
y uno puede emplear las leyes del plano superior
para dominar a las del inferior.

Es decir, el karma o la causa y efecto no es inexorable, se puede y debe trascender. Nosotros preferimos usar otra palabra para esta ley: Destino. Y a su vez Destino significa: Aprendizaje.

> **Destino significa: Aprendizaje**

Efectivamente, cuando alguien que está sufriendo una enfermedad halla la causa, el porqué de lo que le sucede, la enfermedad desaparece; cuando alguien corrige sus errores las situaciones dejan de repetirse. Por eso diremos que el destino se puede trascender, en la medida en que aprendemos la lección de la vida. Cuando esto ocurre el hecho que vivimos se transforma.

Ahora bien, ¿Cómo actúa la Ley? Haciendo que se repita indefinidamente una situación o proceso desagradable, hasta que seamos capaces de cambiar la actitud. Una persona camina por un sendero lleno de piedras: Se tropieza con una y exclama: ¡qué mala suerte, que daño me hice en el pie! Sigue avanzando y vuelve a tropezarse, sin reparar en que es debido a su falta de atención y vigilancia. Entonces exclama: ¡vaya camino más malo! ¡Está lleno de piedras! ¡La persona que lo construyó hubiera podido hacerlo mejor! Sigue caminando y al tropezarse de nuevo exclama ¡A ver, un momento! ¿Por qué me tropiezo? Tengo que ir con más cuidado y atención. En el instante en que toma conciencia de esto, seguirá su camino sin tropezarse. ¡¡Las piedras habrán desaparecido del camino!! Porque… ¡la vida nunca repite una situación que ya ha sido comprendida!

> **¡La vida nunca repite una situación que ya ha sido comprendida!**

Esta es una historieta que sirve de ejemplo, de cómo andamos en la vida. Nunca reconocemos nuestras causas o errores, le echamos la culpa a los demás: al camino, a la mala suerte o incluso a quien construyó el camino, pero cuando nos damos cuenta que tenemos que cambiar de actitud, entonces lo que ocurre fuera se transforma mágicamente.

Este es el propósito de este principio, enseñarnos qué tenemos que corregir en nuestra vida, para que los resultados o consecuencias sean más satisfactorios. Visto de esta manera, el karma no es un castigo, sino una herramienta de aprendizaje absolutamente necesaria, porque solo siendo testigos del resultado de nuestros actos, podremos evaluar si la causa fue correcta o equivocada.

Podemos hacernos las siguientes reflexiones:

* Todo lo que les haces a los demás, te lo haces a ti mismo.

* Cuando desaparece la ignorancia acaba el destino y surge la felicidad.

* La evolución es el desarrollo de la conciencia. Los procesos no tienen solución, porque es la mente la que crea los problemas, no los hechos. Por eso los procesos tienen terminación.

* Las decisiones que tomamos tienen inmediatamente una repercusión positiva o negativa, de acuerdo con la calidad de la acción

* El sufrimiento rompe la resistencia al cambio.

* El texto nos dice que hay muchos planos de causalidad. Este principio nos da la respuesta, al explicarnos que son muchos los planos que pueden haber originado nuestro estado actual; algunos de ellos provienen desde muy atrás en el tiempo y están dormidos en la memoria, son eventos que pudieron darse tanto en la infancia como en vidas anteriores.

Además, la psicogenealogía (ver el libro *Constelaciones familiares y tarot* de los propios autores) nos enseña que recibimos influencias de nuestros padres, de los cuatro abuelos y, si seguimos, vemos que también recibimos la influencia de ocho bisabuelos. Así, esta cadena continúa infinitamente. Es lo que conocemos como árbol psicogenealógico. También recibimos las influencias de la sociedad en la que crecemos, la religión que practicamos, las instituciones de enseñanza a las que asistimos, los lugares de trabajo, los clubes, los amigos que nos rodean… Todos ellos nos han enseñado un patrón mental o creencia que tomamos como verdaderos. Estos son sólo algunos ejemplos para indicar que existen muchos planos de causas y nosotros somos el resultado de la suma de dichos planos.

Cuando decimos que una ley superior trasciende a una inferior significa que estamos regidos por numerosas leyes, algunas de rango superior y otras de rango inferior. Por ejemplo, herir a alguien en defensa propia será un atenuante, mentir para salvar la vida de alguien también. En este caso la ley superior corrige o transciende a la inferior. El libre albedrío corresponde a una ley inferior, en el sentido que nos es permitido hacer lo que queramos, siempre y cuando la ley superior lo permita. Habrá cosas que por mucho que queramos no podremos conseguir, eso ocurre porque vamos en contra de la Ley.

La causa y efecto parece una ley de acción-reacción, pero por encima de este principio estará la supervisión de la evolución de nuestra conciencia. Así, al comprender profundamente nuestros errores, se podrá romper la causa-efecto, por lo que los efectos que deberían llegarnos por errores anteriores, ya no ocurrirán. Es lo que explicábamos anteriormente, en el sentido de transformar o transmutar nuestro destino. El Karma no es un castigo sino que es una recurrencia, al repetir todas las veces que sea necesario, las experiencias que no hemos hecho bien hasta que consigamos restaurarlas y poderlas poner en orden perfecto.

Tal como aprendimos al estudiar el Principio de Correspondencia, debemos recordar que todo lo que ocurre fuera, está reflejando nuestro estado interno.

> **Todo lo que no nos gusta de los demás es lo que tenemos que corregir en nuestro interior**

Cuando algo externo nos produce insatisfacción o dolor, eso nos está recordando que tenemos una herida que sanar; de otra manera, no nos alteraríamos. Todo lo que no nos gusta de los demás es lo que tenemos que corregir en nuestro interior.

Es muy recomendable investigar el origen de las situaciones presentes. Si uno vive un momento de soledad, no se debe a la mala suerte. Esa soledad tiene un significado; es una lección pendiente de la vida. La manera más rápida de encontrar respuestas a los conflictos que vivimos es formulando la pregunta a nuestro Yo Superior o Ser Interno. Las respuestas que uno recibe intuitivamente siempre son claras y concretas; simples; por lo general, se resumen en pocas palabras o en una sensación.

¿Cómo sabrás cuándo es Dios quien contesta tus inquietudes y no tu propia mente? Hay una clave para reconocerlo: las respuestas de Dios nos dejan una sensación de paz y armonía.

Las aparentes injusticias que vemos en la vida diaria encuentran su fundamento en este principio. Comprender como funciona el karma o la causa y efecto nos permite responder enigmas tales como por qué unos nacen sanos y otros enfermos, unos en la riqueza y otros en la pobreza. Todos venimos al planeta con la única función de sanarnos a nosotros mismos. Por tal motivo, los problemas desaparecen cuando terminamos de aprender nuestra lección. No importa el lugar o la familia a la que venimos, si somos capaces de abrirnos a las respuestas. Así vemos que todo lo malo que vivimos, no es más que la oportunidad de abrir nuestra conciencia a un conocimiento nuevo.

Todo lo que hacemos, sentimos y pensamos queda grabado en las redes vitales, personales y cósmicas. Igual que la información del pasado, que queda grabada en la genética a través del ADN. A esta red se la conoce como red kármica y está conectada a nosotros a través del cuerpo etérico, o vital. Pero, desconociendo la existencia de esta grabación, y por ignorancia, el ser humano sigue trasgrediendo a la ley: matando, odiando, agrediendo con violencia. Todo queda registrado en nuestras redes y luego vienen las malas consecuencias. El Universo tiene toda la información de nuestros actos. En el antiguo Egipto se hablaba de la diosa Maat, la diosa guardiana del libro sagrado del destino, la diosa de la justicia y el orden perfecto. Guardiana de las redes kármicas. Ayuda a sanar el karma, porque nos une a la Ley y al orden. Es una energía superior a la mente, que purifica, sana y restablece el orden. Por lo cual, es útil meditar con ella. El Universo tiene toda la eternidad para enseñarnos que a través de las repeticiones de los errores, comencemos a respetar y valorar lo que tenemos. El planeta Tierra, como escuela, nos da la oportunidad de venir, todas las veces que sea necesario, para adquirir esta comprensión y la perfección de nuestros actos.

Hay países con violencia, fanatismos, y falsas creencias, guerras, miseria. En lugar de buscar las causas que provocan esas situaciones y aprender a amar y encontrar paz y armonía, se desatan en cólera y guerra. Esto lo hace el egoísmo, la ambición, el deseo de poder. La consecuencia será un intenso sufrimiento que conducirá a la persona a un momento donde se dé cuenta que llega a un límite, donde solo hay pérdidas y tragedias. Llega el momento en que ya no desea sufrir más, en ese instante, llegará un cambio de actitud, al darse cuenta que por ese camino no encontrará armonía. Veremos cómo actúa la ley del karma en ese caso.

Aquellos que han matado a alguien, la ley de causa y efecto los hace regresar al seno de la respectiva familia a través de la reencarnación. Las almas se reúnen para valorar la vida, al tener que cuidar de sus nuevos familiares; aunque no recuerden su vida anterior, en el Alma queda grabado el deseo de devolver el odio, en amor. La causa y efecto no es una condena o castigo, sino la educación del alma.

> **La causa y efecto no es una condena o castigo, sino la educación del alma**

El karma se disuelve por completo gracias a la práctica del perdón.

Perdonar no es tan fácil como uno cree. Muchas personas dicen haber perdonado pero solo lo hacen superficialmente, porque no olvidan; siguen guardando en el fondo rencor y reproches. Esto es lo que conocemos como "perdono pero no olvido", lo que sólo nos indica que el perdón no ha tenido lugar aún. El verdadero perdón otorga paz.

Llegaremos a él a partir de la comprensión que los errores los cometimos o los causaron los demás por falta de información. Las palabras de Cristo "perdónales porque no saben lo que hacen", podríamos interpretarlas como "perdónales porque son unos ignorantes", es decir, no saben, no pueden actuar de otra manera, porque tienen un bajo nivel de comprensión.

La falta de perdón representa que sentimos que alguien nos debe, o nosotros le debemos, y tiene su base en la culpa. Si nos sentimos culpables por algo que hemos hecho, sentiremos que le debemos algo al otro, es decir, necesitamos restituir el mal causado. Si por el contrario culpamos a los demás, pensaremos que los demás nos deben a nosotros, y tienen pendiente restituir el mal causado.

Por ello, el perdón tiene tres fases: pedir perdón, perdonar al otro y perdonarse a uno mismo. Cuando se cumplen estos tres aspectos llegamos a descubrir que no debemos nada a nadie, que nadie nos debe a nosotros, y quedamos en paz. La conclusión, es que nos sentimos libres y dejamos libres a los demás. El perdón concede libertad. A partir de aquí soltamos y damos libertad, para que cada cual siga su camino. Mientras sigamos con el rencor o deseos de venganza, seguiremos atados a las personas en un círculo vicioso de causa y efecto, que solo nos acarreará sufrimiento.

De todos modos, al avanzar en nuestra comprensión, podríamos incluso llegar a entender que, ni siquiera hay necesidad de perdonar a nadie, porque cada cual hizo lo que mejor entendía en cada momento; cada persona en su buena intención, creía que hacia lo mejor. Por ello y si además, hemos ya aprendido que el error no es malo, sino parte de un proceso de aprendizaje, llegaremos a una sabia conclusión: no necesitaremos perdonar.

Antes de nacer, elegimos tomar un cuerpo físico y diseñamos en sintonía con la Ley y los maestros de sabiduría, nuestro diseño de vida o programa de destino. En este proceso seleccionamos a nuestros padres, hermanos, futuras parejas, matrimonios, amigos y demás.

En ese programa de destino quedan grabados compromisos como el de encontrarnos con ciertas personas y lo que cada uno le va a hacer al otro, con la intención de enseñar o aprender algo. El proceso de aprendizaje es mutuo, y el programa de destino lo acordamos mutuamente entre todas las almas, antes de nacer. Cuando llegamos a este mundo, nos olvidamos de lo firmado y vivimos la experiencia elegida. Cada ser humano vive una misma situación de un modo diferente; un mismo suceso, cada uno, lo siente de distinta forma, dependiendo de su mente, educada de cierto modo, sus creencias, las de sus familiares, de sus propios juicios.

El diseño de vida es voluntario e irrevocable, no desaparece hasta que se cumple totalmente. Uno lo elige con la finalidad de dar un paso adelante muy importante en la evolución personal. Es como las asignaturas de un curso, en el que tendremos que examinarnos de determinadas materias.

Por ejemplo, una mujer puede pedirle a la que será su futura hija que durante la infancia la maltrate; de esta manera, ella reconocerá que tiene muy poco amor propio y deberá aprender a valorarse como mujer y ser más estricta en la educación. Por otra parte, la hija acepta que la madre trate de reprenderla, tendrá que aprender a respetarla y a renunciar a su propio egoísmo.

Es evidente que en nuestra vida hemos olvidado totalmente la elección de nuestra alma es decir, de que nosotros mismos hemos elegido vivir esa dificultad, para aprender la lección y reparar nuestros errores pasados.

La terapia regresiva a vidas anteriores es una herramienta muy valiosa para entender la red de relaciones generadas en otras vidas. Hoy día, existen diferentes técnicas para acceder a esa información: lectura de registros de archivos akáshicos, sesiones hipnóticas de regresión, en relajación profunda, terapia regresiva con el tarot, constelaciones familiares, etc.

Existe un avance muy grande en la conciencia humana y esto elevará el nivel de comprensión en toda la humanidad. En este proceso descubriremos nuestra Unidad, el hecho de que, en realidad, "Todos somos Uno solo". Dicho de otra forma, el Hijo de Dios es uno solo, y todos somos parte de El. Por eso, es importante ayudarnos mutuamente y perdonarnos. Debemos ajustarnos a estos cambios cósmicos para ayudar a la evolución planetaria a despertar amor. Un verdadero iniciado tiene que aplicar todo su conocimiento para mejorarse a sí mismo y para servir a los demás. La capacidad de servicio a los demás la entenderemos como incondicionalidad.

Según el Principio de Causa y Efecto, todo lo que vivimos es el resultado de nuestros propios actos. Contamos con un poder creador, y a veces, debido al mal uso del mismo, creamos situaciones difíciles o dolorosas, creamos de esta manera un proceso de sufrimiento.

La sensación o desconexión de nuestra Fuente original es la que genera todos los miedos, las angustias y los problemas. Un ejemplo de esto es la soledad. La soledad no se resuelve teniendo a una persona a nuestro lado; en muchos casos, uno puede llegar a sentirse horriblemente solo aún estando acompañado. La soledad es un problema personal y tiene que ver con la sensación de estar desconectado de nuestro Creador. Solamente reparando esa conexión podemos sentirnos plenos, completos y felices. Curiosamente, muchas iglesias fomentan la idea de separación y no la de unión. Esto se debe a que se basan en las leyes del ego y no en las del Espíritu. El miedo más grande que existe es el miedo a Dios, a recibir su condena o castigo, lo cual es totalmente absurdo.

Las decisiones que tomamos tienen inmediatamente una repercusión positiva o negativa de acuerdo con la calidad de la acción; pero eso es después, de que el programa de vida o destino este instalado, y tengamos un cuerpo físico, ya que mientras no haya cuerpo, el destino no puede aplicarse. La conciencia acepta el diseño de vida de los maestros porque sabe que la próxima vida servirá para aprender algo maravilloso, pero el ego no aceptaría jamás eso. Por esa razón las circunstancias de nacimiento y vida no las elige el ego, sino el Alma. Si fuera el Ego quien eligiera las condiciones, nadie nacería con dificultades. El tiempo en que el espíritu está sin cuerpo, el Alma no puede realizar desarrollo alguno, solo recapitular lo vivido en el pasado o diseñar el futuro. Ahora, si eso requiere cierto tiempo de descanso o repaso, no pasa nada. Para el Alma, el tiempo es como para Dios, no tiene importancia.

Como conclusión, la idea del karma, o el ciclo de culpa y castigo, fue creado por nuestro ego. Dios no condena ni castiga, porque Él nos ha creado tal como somos. Él sabe que lo que estamos viviendo; es como un gran sueño del cual tenemos que despertar. No hay culpas, ni culpables; no tenemos nada que pagar ni que hacer pagar a los demás; solamente existe la experiencia. Cada cual tiene un proceso de aprendizaje y evolución, en el que el error y el sufrimiento, formarán parte intrínseca del mismo.

El proceso de liberación del karma comienza con el reconocimiento de la proyección que hacemos hacia los demás. Es decir que tenemos que empezar a reconocer que no hay culpables fuera de nosotros, sino que, de alguna manera, uno está proyectando el problema hacia afuera. Luego, debemos reconocer que tampoco nosotros somos culpables, sino que solamente hemos cometido algunos errores, y que gracias a los mismos tenemos el nivel de comprensión actual. Esto nos permite corregirnos y cambiar nuestra percepción de la vida. Recordemos que la vida, nunca repite una situación que ya ha sido comprendida.

Recordemos también lo señalado en la necesidad del perdón: perdonar a los demás, pedirles perdón y perdonarnos a nosotros mismos. Y que esa percepción ni siquiera es necesaria, cuando entendemos que cada cual eligió su propia experiencia, en la que todos somos instrumentos. Mientras exista una sola persona a la que consideremos culpable, nunca encontraremos paz en nuestra vida.

Perdonar no es sinónimo de debilidad. Muchas personas confunden el perdón con la permisividad. Perdonar no significa permitirles a los demás que vuelvan a hacer lo mismo con uno. Perdonar significa entregar el problema a una autoridad superior a la nuestra, que impondrá su Ley y no la que nuestro ego quiere.

El perdón no es un acto sino un proceso. Cada día perdonamos un poco más y así nos vamos liberando del pasado. En algunos casos, este proceso puede hacerse de una sola vez, pero en la mayoría, el perdón requiere tiempo.

El primer paso del perdón es reconocer que la culpa no está afuera. Debemos interrumpir el fenómeno de la proyección y no aceptar como culpable a alguien o algo externo a nosotros. Debemos reconocer que lo de afuera activó una herida emocional que está en nosotros, y por eso nos enojamos o molestamos.

El segundo paso es aceptar que la herida está dentro de uno mismo, pero no nos podemos detener aquí, porque si no, el ego nos haría sentir culpables.

El tercer paso consiste en entregar esa culpa al Ser o Yo soy para que perdone por nosotros. Debido a que estamos instalados en el sistema de pensamiento del ego, necesitamos un elemento externo a este sistema. El Ser superior es la parte perfecta de la mente que nos recuerda permanentemente nuestra naturaleza espiritual. En conclusión, nosotros no tenemos la capacidad de perdonar. No podemos perdonar a nuestros enemigos ni a nosotros mismos. Solamente hacemos un juego intelectual que se parece más a una postura arrogante. Creemos que somos buenos, perdonando a los malos. Por eso necesitamos la ayuda del Ser Superior. Es en el tercer paso donde procedemos a poner el problema en las manos de Dios, para que Él mismo lo resuelva y sane, aquello que necesita ser sanado. Cuando se da el verdadero perdón, se siente una gran paz interior.

Si por ejemplo te enfadas con alguien; primero, tendrás que aceptar que esa persona no es la culpable de tu enojo. En segundo lugar, deberás admitir que en realidad hay una parte tuya que se enoja por lo que el otro hace. Finalmente, tendrás que pedir ayuda para que tu Ser Superior pueda perdonar por ti, aquello que no entiendes ni aceptas. Al hacer esto, pones en manos del Universo el proceso del perdón y así se curan tus propias heridas y las de los demás. El proceso terminará con un estado de paz interior profunda y alivio.

Ejemplo: Una pareja que discutía constantemente, llegaron a separarse. Ella lo acusaba a él de orgulloso, cuando en realidad ella era también así. Se culpaban mutuamente. Le enseñamos que tenían un vínculo de causa y efecto, y que estaban juntos para aprender a quitar su ego. Todos los problemas por grandes que sean, tienen un motivo pedagógico. Nos enseñan que todos los seres estamos entrelazados por un cordón kármico. Dondequiera que estemos, esos lazos nos unen, hasta que nos encontramos para resolver las diferencias archivadas en nuestros registros. Entre los kabalistas y tibetanos es frecuente llevar un cordón rojo en la muñeca, en referencia a estas conexiones, para reconocerse entre sí.

Debemos analizarnos, observar nuestro comportamiento, cómo nos afectan las cosas y por qué nuestro carácter cambia, porque aparece el mal humor y nos encontramos incómodos ante las situaciones; el mal carácter no viene del compañero, viene del propio ego, cada uno ve las cosas de modo diferente debido a la propia cultura, educación y distintos niveles de vibración. Desde donde lo vive cada uno, todos tienen razón. La solución no es que cambie el compañero, sino el carácter de uno mismo y la forma de ver las cosas. Desarrollemos la tolerancia, la aceptación y el amor, no haciendo culpable al otro del propio mal carácter. En todo caso, a uno le falta la comprensión y la aceptación. ¿Por qué no aceptas al otro cómo es? No es culpa del otro sino de las ideas y costumbres propias, de las falsas creencias familiares y sociales, del orgullo y arrogancia.

A la consultante le dijimos:

* "Desembarázate de todo ello, sé humilde y mira en tu interior si lo sigues amando."

* "Demuéstrale el amor, perdónate a ti y perdónale y habrá reconciliación, porque él te sigue amando."

Efectivamente, después de 6 meses, se reconcilió la pareja.

Oración para liberarse del ego, que usó la mujer: "Yo soy esencia divina, estoy conectada con la gran fuente, la cual, me envía luz, amor y purificación; Me libera de mis falsas creencias, hábitos y recuerdos del pasado, la insatisfacción, el malhumor. Yo soy quien cambia y me libero de mis miedos, dudas y defectos. Los entrego a la luz, y me convierto en un Sol para que de mí brote la alegría, la confianza, la comprensión verdadera, el gozo, la belleza, la armonía. Pues en mí, está toda la esencia, soy creadora y la fuente divina está ligada a mí. Hoy yo soy la luz que fluye, el amor, la felicidad, la felicidad, la felicidad".

El proceso del perdón se puede comparar al hecho de tomar conciencia de que, en realidad, nadie nos ha hecho daño, ni tampoco nosotros se lo hemos hecho a otros. El supuesto daño, no es más que un error de percepción. Definitivamente, esto es demasiado simple para que nuestro ego lo pueda aceptar. El ego siempre tiene todas las razones del mundo para justificar su posición; en especial, cuando nos enojamos con alguien. Entonces encontramos las razones lógicas a nuestro enojo que nos llevan a juzgar y condenar. Además, tratamos de convencer a otros de nuestras razones.

Al instalar en nuestro interior esta nueva comprensión nos damos cuenta de que cada uno de nosotros, siempre está haciendo lo mejor que puede, de acuerdo con su grado de cultura, su sistema de creencias y su conciencia. Cuando nos equivocamos, es porque no lo sabemos hacer de otra manera. Por ese motivo, como explicábamos anteriormente, Cristo dijo en la cruz "Padre mío, perdónales porque no saben lo que hacen". Es decir, no los trató de culpables, sino de ignorantes. Si retrocediéramos en el tiempo hasta el momento justo en que cometimos un gran error años atrás, descubriríamos que probablemente volveríamos a hacer lo mismo, porque ese era nuestro estado de conciencia. Siempre hacemos lo que creemos que es mejor en cada momento, aunque estemos totalmente equivocados. Las buenas intenciones no sirven para nada, sino los hechos. Las cárceles están llenas de gente que tenían buenas intenciones pero equivocadas. La mayoría de presos siempre tratarán de justificar el por qué de su condena: "no fue mi intención", "la culpa la tenía el otro", "no me quedó más remedio", etc.

Dios no condena porque sabe que estamos aquí para aprender. El ego es el único que juzga y condena. Nuestra mente es limitada y nunca captamos el por qué de lo que está pasando. Tal como lo vimos antes, existen causas kármicas que contienen historias secretas para nuestro entendimiento. Podemos percibir una situación como una injusticia, pero en realidad, no sabemos si al llamado injusto, en realidad, le está dando la oportunidad al otro de reparar su error.

No solo el concepto de culpable debería ser desterrado de nuestra mente, sino también el de bueno y malo. Bien y mal son conceptos condicionados por nuestra cultura. Lo que para un musulmán es licito, por ejemplo tener varias mujeres, para un cristiano sería visto como adulterio o pecado; matar a los padres cuando estos no se valen por sí mismos, es decir, la eutanasia, era bien visto culturalmente por antiguos pueblos. Hoy lo consideraríamos una aberración. Que exista fuego en la cocina es útil y bueno, pero si incendia la casa, lo consideraremos malo. Así, bien y mal son conceptos relativos, dependerán del lugar, el momento, la cultura…; cuando toda experiencia humana la catalogamos como buena o mala estaremos solo percibiendo un aspecto parcial de la realidad.

Cuando aprendemos que todo obedece a un propósito de aprendizaje, cambiaremos el concepto de bueno o malo por el de necesario. En realidad, es así, todo sirve para algo, de todo podemos aprender; incluso el sufrimiento puede ser necesario en un determinado momento de nuestra vida, cuando nos permite darnos cuenta que no queremos seguir más de ese modo y anhelamos un cambio. Cuando ese cambio se da, percibiremos que incluso el sufrimiento también cumplió su labor y que fue necesario. En conclusión, aprendamos a ver, todas las experiencias de la vida como necesarias, no como buenas ni malas. Para ayudarnos en esto nos preguntaremos ante cualquier situación de adversidad: ¿qué me está enseñando esta situación? ¿Qué tengo que aprender de ello?

Según la Ley de Causa y Efecto, en esencia sólo hacemos dos cosas: damos amor o reclamamos amor. Una forma muy común de reclamar amor es la queja. Cuando una persona se queja o reclama a otra su atención, en el fondo sólo le está pidiendo su amor. Lamentablemente, la queja es un recurso negativo que lleva a obtener el resultado opuesto. En la red de relaciones que entablamos, todos aprendemos y enseñamos al mismo tiempo. Aunque no seamos conscientes de eso, las personas que nos rodean aprenden algo de nosotros y viceversa, aún cuando la relación sea superficial o de poco tiempo.

De las grandes crisis es de lo que tenemos las mayores oportunidades de crecimiento, y ese crecimiento lo podremos hacer de dos maneras: a través de comprensión o a través de sufrimiento, dependiendo de nuestra capacidad de asimilar lo que está pasando.

Una buena manera de compensar las deudas o modificar las causas erróneas es la capacidad de servicio. Servir equivale en este caso a amar, el amor en acción. Esto significa, el hecho de ayudar incondicionalmente a los demás, si bien, tendremos que discernir bien en qué circunstancias debemos ayudar y en cuáles no. Habitualmente escuchamos la expresión de que "el amor es ciego", pero eso se refiere al enamoramiento, a la ceguera de la pasión, no al amor verdadero, que es siempre consciente, y nunca puede actuar de modo ignorante.

Nunca hay que ayudar a nadie que no nos lo haya pedido antes, porque la persona puede no estar receptiva a nuestra ayuda. Cuando le hemos hecho un favor a alguien y luego esa persona no nos lo agradece, o se muestra indiferente, nos está dando la pauta de que nos hemos equivocado, o bien la persona no necesitaba de nuestra ayuda, o le hemos dado ayuda equivocada. Esto ocurre cuando intervenimos en la vida de alguien pretendiendo ser su salvador. A eso lo llamamos interferir en la vida ajena, evitándole la experiencia al otro.

Una manera de evitar este error es ofrecer nuestra ayuda a quien pensamos que la necesita y, luego, esperar la respuesta o reacción de la persona. Cuando ésta decide aceptar nuestro ofrecimiento entonces estará receptiva y valorará nuestras opiniones y gestos. Sólo así tendremos éxito.

¿Hasta qué punto podemos ayudar? Se debe ayudar a los demás hasta el punto en que el equilibrio de nuestra vida personal no se pierda. Si vas a prestar dinero a alguien cercano, deberás prestar solamente una cantidad de tu dinero que no ponga en peligro tu economía personal. De lo contrario, si por prestar dinero dejas de pagar tus cuentas, sólo estás permitiendo que el problema del otro perjudique tu vida. En esencia, si quieres que tu ayuda sea siempre efectiva, no deberás perder nunca tu equilibrio personal. Esto nos lleva a la siguiente conclusión: solo puedes dar de aquello que tienes. Si se presenta la oportunidad de ayudar a alguien y tú no tienes con qué, significa que la ley de correspondencia no te permite hacerlo. Es decir, no es a ti, a quien corresponde ayudar a esa persona bajo esa circunstancia.

En general, los problemas con que nos encontramos en la vida no son más que errores, por falta de conciencia. Existen en nuestra mente ideas equivocadas que deben ser corregidas. Éstas tienen que ver con una errónea concepción de lo bueno o malo, con ideas de culpabilidad, o con los grados de auto estima. Estas actitudes son obstáculos para nuestra felicidad personal. En cualquier caso la mejor ayuda será siempre brindar información, la capacidad de servicio no la confundiremos con la caridad; esta última es siempre una ayuda material, mientras que el amor o servicio será la capacidad de darle a la persona la información suficiente para resolver sus problemas. Es la típica cuestión de qué es mejor: regalarle un pescado a alguien para que se alimente o enseñarle a pescar por sí mismo.

> **Quien es capaz de renunciar a todo, lo tendrá todo**

La capacidad de la renuncia nos ayuda también a cancelar el proceso de causa-efecto. El Ego jamás sería capaz de renunciar a lo que desea. Es el Alma o la Conciencia, cuando se da cuenta que la vida nos tiene reservadas muchas más oportunidades que las podamos desear o imaginar, cuando somos capaces de renunciar a nuestros deseos y nos abrimos a la prosperidad y un mundo nuevo de relaciones maravilloso. Quien es capaz de renunciar a todo, lo tendrá todo. El sufrimiento sirve justamente para llevarnos a ese proceso. Cuando alguien exclama "ya no puedo más", "que sea lo que Dios quiera", su mente está abierta a todas las posibilidades. Es decir, renunciemos al sufrimiento, a nuestros deseos. En la filosofía budista se considera que Mara, el señor del deseo, es el que nos esclaviza a la rueda del Samsara, la rueda de la vida, el eterno retorno o la reencarnación. Que cuando nos liberamos del deseo, nos liberamos de esa rueda.

Hay personas que mueren, a pesar del amor de sus familiares, porque en su propósito divino, la enseñanza es la renuncia a la vida, para que sus seres queridos avancen y evolucionen solos. Por amor a sus seres queridos, dejan de luchar y se marchan. Es un acto de amor del alma y del espíritu, que es realmente el que sabe cuál es el propósito, pues la personalidad desconoce el diseño de vida. El amor y la renuncia son mucho más profundos que las ideas o creencias de las personas que piensan "pobrecito, Dios se lo llevó". Dios no se lleva a nadie; la Ley sabe cuando hay un programa y cómo y en qué tiempo debe actuar, cortando el cordón de plata.

De la integración de la renuncia con la aceptación, resulta la paz absoluta del espíritu. Renuncia a todo aquello que ya no te corresponde y a cambiarles la realidad a los demás.

> **De la integración de la renuncia con la aceptación, resulta la paz absoluta del espíritu**

* Renuncia a: prohibir, imponer, condenar, protestar y contradecir la opinión de los demás

* Renuncia a sufrir ante aquello que no puedes cambiar y a lo que pueda suceder.

* Renuncia a discutir y a demostrar que tienes razón.

Así te liberarás de tu ego y orgullo y atraerás la prosperidad a tu vida.

Cuando deseamos algo que no tenemos, es porque no valoramos aquello que sí tenemos. El genio de la lámpara de Aladino que concede los deseos nos diría: ¿por qué quieres algo nuevo, si resulta que todo lo que te he dado hasta ahora no lo has valorado? Es decir, valora lo que tienes, que si lo haces, el universo te dará todo aquello que tu necesites. A medida que estemos contentos y satisfechos con lo que la vida nos da, iremos recibiendo más y más. Por ello la gratitud, dar gracias a la vida por lo que tenemos, y valorar a las personas que nos rodean, nos conducirá a sentirnos felices.

> **Valora lo que tienes, que si lo haces, el universo te dará todo aquello que tu necesites**

Según el Principio de Causa y Efecto, debemos aprender a generar las causas adecuadas para manifestar un efecto determinado. Concretamente, esto significa que deberás cambiar algo de ti para obtener un resultado diferente en tu vida. Cuando hacemos las cosas de siempre, obtenemos los resultados de siempre. Si no estás totalmente conforme con tu vida, quejarte no te llevará a cambiarla. El cambio comienza por el primer principio hermético, el Mentalismo, el pensamiento.

Todo lo que queramos que se manifieste lo tenemos que crear antes dentro de sí mismos. Si quieres encontrar una pareja amorosa, aprende a amarte y valorarte a ti mismo.

Recuerda siempre que la primera causa, la que origina todo movimiento en el Universo, es mental. Insistimos una vez más, que el primer cambio se dará en el pensamiento

XI
El Principio de Generación

7. La generación existe por doquier;
todo tiene su principio masculino y femenino;
la generación se manifiesta en todos los planos.

Este principio nos enseñará que somos creadores de nuestras propias experiencias y circunstancias, en el proceso de la creación, el Absoluto contiene la totalidad de la información del universo En la creación del universo aquello que lleva la información genética de las creaciones de Dios es la onda del pensamiento, al integrarse con las partículas elementales de la materia física, genera todas las formas que existen, esa es la forma de creación que utiliza el Padre. Nosotros también tenemos la capacidad de crear especialmente nuestras propias experiencias, nuestras relaciones, y podemos crearlas con sabiduría o con ignorancia y lo resultados nos lo mostrarán claramente.

Darwin estaba peleado con la religión e intentó explicar que el universo no necesitaba a Dios o mejor dicho intentaba demostrar su creencia en su no existencia. La ciencia no ha podido comprobar en donde están los eslabones perdidos. Es más, la misma ciencia puede rebatir la teoría, porque en ninguno de los puntos de la llamada evolución se pueden demostrar las mutaciones o cambio de especie. Al final de la cadena, el hombre derivaba de primates pero no es posible comprobar esa mutación, aún siguen existiendo las especies simples y no vemos que cambien. Darwin quiso excluir a Dios de la creación porque él estaba traumatizado. Sí se ha comprobado la especialización o adaptación de las especies, con ciertos cambios o pequeñas variaciones, la selección natural del más fuerte, pero nunca el cambio de una especie por otra.

Dios no es una creencia, sino una presencia permanente, excepto en el ego. No sentimos a Dios porque tenemos la creencia en un ser inexistente, un hombre barbudo, una falsa imagen.

> **Dios no es una creencia, sino una presencia permanente, excepto en el ego**

El texto dice que la generación se manifiesta en todos los planos, es decir, dimensiones del universo, y tanto a nivel humano como cósmico. El proceso es el siguiente: el principio femenino utiliza la energía que le envía el principio masculino para realizar una creación, de manera que ninguno de los dos principios es capaz de actuar por sí sólo, se necesitan imperiosamente el uno al otro.

En el cerebro nos encontramos el hemisferio derecho y el izquierdo, que nos permite tener creatividad e imaginación, y el otro reconocer como y de qué manera esas ideas pueden ser llevadas a la práctica. Es lo mismo que decir inconsciente-consciente. La información que surge del inconsciente a través de cualquier terapia o herramienta de trabajo con el inconsciente, como el Tarot, tenemos que volverlo consciente, para poder alcanzar la comprensión de aquello que se ignoraba.

Es por tanto la existencia de la dualidad mental la manifestación del principio del Género en nuestra mente. De hecho al principio masculino de la mente o hemisferio izquierdo se le asignan las características de elaboración del: lenguaje escrito y hablado, razonamiento, habilidad científica, control de la mano derecha, habilidad numérica; mientras que al principio femenino de la mente o hemisferio derecho se le asignan las características siguientes: perspicacia, percepción tridimensional, sentido artístico, imaginación, sentido musical, control de la mano izquierda.

El Principio de Generación se refiere a la Creatividad. Lo que nos dice El Kybalión es, que para crear algo nuevo, es necesario la conjugación de dos energías: la masculina y la femenina; si esta conjugación no se da, entonces no se da la manifestación. Este principio está muy relacionado con el de polaridad porque habla de dos energías opuestas, pero se diferencia de aquél, porque se refiere exclusivamente al proceso de creación.

El pensamiento genera y tiene naturaleza masculina, el sentimiento es receptor y engendra y tiene naturaleza femenina. Cuando un pensamiento y un sentimiento se unen nace una creación. Si lo hacen en amor, crean una situación a la que llamaríamos buena suerte o vibración armónica y de triunfo. Si lo hacen en negativo, generan lo que se llama mal o destrucción, que a la vez se multiplica al unirse a otros por ley de afinidad. La generación multiplicará cada una de las creaciones, tanto en un sentido como en otro.

La generación la vemos en la naturaleza, donde la unión de esporas masculinas y femeninas harán que la flor de frutos y a su vez semillas y que éstas generen otra planta de la misma especie; igual ocurre con nuestros pensamientos y emociones, actúan como las semillas, no se ven, pero luego aparecen sus efectos.

> **Uno no puede amar al prójimo si no se ama a sí mismo**

Ahora bien, la semilla surge de un fruto maduro. Si el fruto está verde la semilla no está preparada. La madurez en la persona se manifiesta en la auto-estima. Nuestra cultura nos ha transmitido una falsa creencia: "piensa en los demás y olvídate de ti mismo". Sin embargo el famoso mandato de Jesucristo "amar al prójimo como a ti mismo" es claro. Uno no puede amar al prójimo si no se ama a sí mismo. Como decíamos en capítulos anteriores, uno no puede dar de lo que no tiene. Es importante así pues, valorarse a sí mismo, aceptarse tal como uno es, confiar en las propias posibilidades, en resumen esto es lo que llamamos auto estima. En definitiva, estar bien con uno mismo. Cuando uno sufre por los demás, se sacrifica y deja de estar bien para agradar al otro deja de amarse y detrás de esa actitud siempre estará el Ego: llámese miedo, inseguridad, culpabilidad, etc.

Para el principio de generación, la auto estima será fundamental. Por ello, no podemos crear o generar nada positivo sino la practicamos. Quien no se ama a si mismo queda desconectado de la fuente creadora y su vida se convierte en un bloqueo.

Volviendo al tema del fruto maduro, tenemos el ejemplo de los padres que tienen un fruto que son los hijos. Pero sólo cuando estos crezcan y maduren sexualmente dispondrán de la semilla para seguir creando descendencia.

La sexualidad también es una manifestación del principio de generación aunque este va más allá y se manifiesta en numerosos planos. Más allá de nuestro sexo, todos somos portadores de energías masculinas y femeninas y tenemos que lograr la perfecta conjugación de éstas para obtener éxito en la vida. El hombre que es muy machista, es decir, que se ha polarizado en el extremo de la energía masculina, tarde o temprano sufrirá por la falta de su lado receptivo, intuitivo o imaginativo. Por otra parte, la mujer muy dependiente o sumisa, polarizada en la energía femenina, también sufrirá por la falta de iniciativa y confianza en sí misma. Sin importar nuestro sexo, cada uno tiene que desarrollar tanto su parte masculina como femenina para sentirse equilibrado.

Toda creación o expresión de energía se da al encontrarse los polos opuestos; esto se da en el magnetismo terrestre, en la electricidad, la relación entre cielo y tierra, etc. El símbolo oriental del Ying-Yang representa la perfecta armonía entre las energías masculina y femenina. De acuerdo con este símbolo, exactamente donde termina la energía femenina comienza la masculina y viceversa. Cada una de ellas necesita de la otra para complementarse y lograr el equilibrio perfecto.

La energía tiende a complementarse y por eso, atraemos a nuestras vidas a las personas con la polaridad que nos falta. Es lo que conocemos como "los opuestos se atraen". Es decir, si bien hay una ley llamada Afinidad, según la cual lo semejante atrae lo semejante, también ocurre lo contrario, los polos se repelen y atraen. Cada uno de nosotros atrae la energía que le está faltando, pero sabemos que los polos opuestos son iguales en naturaleza; solamente difieren en su grado de manifestación. También hemos estudiado que uno de los objetivos de nuestra vida, aquí en el planeta, es aprender a armonizar los opuestos.

El sentido de atraer a personas o situaciones con la polaridad que nos falta, es el de ayudarnos a encontrar la armonización o punto de equilibrio. Cuanto más tímida sea una persona, más extrovertido será quien le atraiga. Aunque al principio, esta atracción de los opuestos puede generar cierta dependencia entre ambos, con el tiempo cada uno brindará su energía al otro, para ayudarlo a encontrar su punto medio. Quien era más tímido dejará de serlo y quien era más extrovertido aprenderá a meditar más sus actos. Cuando finalmente una persona encuentra su punto de equilibrio, a la vez comienza a sentir la Unidad con el Universo y verdadera Paz interior.

En el proceso de la creación, debemos aprender a conjugar estas energías para obtener el resultado que buscamos. Una persona que tenga mucha facilidad para imaginar y visualizar sus metas (energía femenina), nunca obtendrá resultados si no toma acción en el mundo concreto (energía masculina). Esto también es cierto en el caso contrario. Hay personas que son muy trabajadoras y concretas en su manera de actuar (energía masculina) pero carecen de la porción de fantasía que los puede llevar a renovarse y a inventar algo nuevo (energía femenina). En el Tarot este tipo de características están muy bien representadas por las imágenes arquetípicas de la Emperatriz y el Emperador.

Cuando notes que alguno de tus deseos no se manifiesta, lo primero que deberás preguntarte es ¿qué energía te está haciendo falta utilizar? Quizá te está haciendo falta emprender una acción dirigida (energía masculina), o quizá no estás listo para aceptar lo bueno que se te presenta (energía femenina).

En la Mente del Padre-Madre, los hijos están en su hogar.

No hay nadie que no tenga padre y madre en el Universo.

Este texto señala algo fundamental. No existe un Dios masculino, como nos han mostrado cual un señor con barba, sino que este, para ser completo, debe ser Padre-Madre al mismo tiempo. Los hijos que cita el texto son las Almas que se desprendieron del Padre-Madre. Es decir, cada uno de nosotros. Regresar a nuestro hogar, a nuestros orígenes es estar en la Mente del Creador. Finalmente que no haya nadie que no tenga padre y madre en el universo nos da a pensar que hay muchísimos niveles de generación. Que de un padre sale el siguiente, otro y así sucesivamente. Que nada puede existir sin este principio. Así pues, se necesitan las dos polaridades para crear.

En el universo, si todo tiene un padre-madre, todo está inventado, dentro de un diseño de vida. Todo lo que generamos o creamos ya ha existido anteriormente o bien previsto que exista. De ahí que los masones llamen a Dios: "el gran arquitecto cósmico", es decir quien tiene los planos y diseños de toda la creación. Nuestra imaginación, tan solo, conecta con una información que se halla en otros planos de realidad; así pues lo que nosotros generamos tiene un antecedente previo.

La originalidad no existe. Todo ya ha sido creado. Lo que llamamos creatividad no es más que la recepción de aquello que capta la imaginación de otras dimensiones. Cuando uno se sienta a escribir y le comienzan a venir ideas, se conecta con la información que ya está presente en el mundo mental. Al tomar una decisión, elegimos una idea contenida dentro del Todo y comenzamos nuestra tarea creativa.

Nuestra mente limitada concibe sólo una parte de la realidad, pero si abrimos la mente a este campo, podremos encontrar diversas soluciones a nuestros problemas.

¿Cómo se accede a ese campo de posibilidades infinitas? A través de un estado mental de receptividad, sea en profunda relajación, meditación, antes del sueño o justo después de despertarse. Es cuando la mente se encuentra en la vibración Alpha que citábamos en el capítulo del principio de Vibración, a través de la "meditación". Debemos aprender a llegar al punto de la creatividad de una manera voluntaria y organizada. En primer lugar, debemos entrar en un nivel de relajación, y luego atraer los pensamientos.

Los pensamientos se suceden en forma ininterrumpida y espontáneamente. Cuando estamos hablando con alguien, nuestro cerebro desarrolla ondas del tipo Beta, que son aquellas que oscilan de catorce a cuarenta ciclos por segundo. Cuanto más tensión siente la persona, más velozmente se acumulan sus pensamientos, por lo tanto, estará menos en contacto con el mundo de las ideas nuevas y las soluciones.

Por el contrario, cuando nos relajamos, alcanzamos el nivel Alpha. Las ondas cerebrales oscilan de ocho a trece ciclos por segundo, y en este estado, los pensamientos comienzan a separarse entre sí dejando un espacio vacío. Ese espacio es el terreno del Espíritu, el campo de las posibilidades infinitas.

Podemos aplicar este principio de la siguiente manera: Podemos soñar o imaginar cómo queremos que sea nuestra vida. Después preguntarnos ¿cómo podemos lograrlo? Usaremos los dos hemisferios. Primero saber el objetivo. Qué queremos lograr. Segundo el cómo, la manera. Ambos elementos deben estar juntos cada vez que queramos generar algo en nuestra vida.

El Espíritu nos recuerda que el propósito de amor de Dios hacia nosotros es siempre nuestra felicidad. Cuando El quiere que ayudemos a alguien, se dan ciertas características o señales: lo que debemos hacer nos resulta fácil, está a nuestro alcance y nos da placer hacerlo. Si no se dan esas condiciones, debemos tener cuidado. Dios no quiere sacrificios. El sacrificarse por los demás corresponde al terreno del ego y, tarde o temprano, el sacrificio se convertirá en reclamo o, peor aún, en resentimiento. Debemos hacer las cosas con amor o no hacerlas.

La falta de agradecimiento o de reconocimiento por parte de los demás es una señal de que estamos dando equivocadamente, que no es el momento o la persona correspondiente. Cuando recibimos un rechazo a nuestra ayuda, nos están dando la señal de que nos pasamos del límite; es el momento de volver a concentrarnos en nosotros mismos, de retroceder y permitir a la persona que viva sola su experiencia.

> **Mientras deseemos cambiar al otro significará que no lo aceptamos**

El éxito de cualquier relación humana reside en la mutua aceptación. Aceptar a otro es renunciar a que este cambie, ya que tenemos la costumbre de desear que los demás hagan lo que nos gusta o lo que queremos. Mientras deseemos cambiar al otro significará que no lo aceptamos. Al no aceptar al otro nos quedamos frustrados porque los demás jamás cambiarán a menos que lo hagan por sí mismos

Cuando uno estudia crecimiento personal, debe aprender la importancia de amarse o valorarse primero a sí mismo, porque nadie puede dar de lo que no tiene, es más si queremos dar de lo que no tenemos nos aprovecharemos de los otros o nos alimentaremos de su energía. Nuestra cultura nos ha hecho ver que esa actitud es egoísta, pero egoísmo seria otra cosa: Pretender que los demás sean como uno quiere y por eso queremos cambiarles y "ayudarles". Es decir entendemos el egoísmo exactamente al revés de lo que representa en realidad. Uno debe aprender a ponerse siempre en primer lugar, a respetarse a sí mismo, a cuidarse y a permitirse el tiempo necesario para cualquier acción. Porque, en definitiva, la única manera de ayudar a los demás es ayudándonos a nosotros mismos primero.

De nada sirve que nos preocupemos por los problemas de los demás si aún no hemos resuelto los nuestros. Debemos recordar que las Leyes Superiores dominan a las Inferiores; esto significa que cuanto más mejoramos nuestra situación personal, más ayudamos a todos los que nos rodean. De hecho sufriendo por los demás, jamás les solucionaremos sus problemas.

Cuando vemos a alguien conocido a punto de sumergirse en una situación similar a la que pasamos, sentimos el fuerte deseo de aconsejarlo y ayudarlo a evitar lo que se avecina; sin embargo, esto

> **Sufriendo por los demás, jamás les solucionaremos sus problemas**

no es lo correcto. Cada persona tiene derecho a vivir su experiencia. Lo más adecuado es advertirle acerca de lo que hemos experimentado, pero siempre debemos retroceder y darle el lugar que necesita.

La ciencia calcula que nuestra mente genera aproximadamente sesenta mil pensamientos diarios y, en su mayoría son negativos. Esta es la prueba de que los pensamientos en sí, no se materializan. Si esto ocurriera, nuestra vida sería caótica. Lo que llega a materializarse, es aquello que finalmente se convierte en patrón mental.

Es bueno fijar toda nuestra atención en las cosas buenas y positivas que nos han sucedido durante el día para sintonizarnos con esa vibración y dejar de pensar en lo negativo. Así la mente se prepara para seguir recibiendo solo lo positivo.

Un estudiante hermético puede llegar a transformar una situación indeseable, elevando el nivel vibratorio, y generando la energía del polo opuesto hasta encontrar el equilibrio.

Hay ciertas características que definen al propósito divino de tu existencia. La más importante es que dicha función será siempre tu felicidad. Contrario a las ideas impuestas por ciertas religiones o sociedades, Dios no es vengativo ni impone normas, no quiere sacrificios sino nuestra propia felicidad. En pocas palabras, todas las actividades que te dan placer son aquellas que forman parte de tu misión. Es difícil aceptar esto debido a las falsas creencias establecidas como: "Es difícil vivir de lo que a uno le gusta hacer" o "En la vida hay que sacrificarse para lograr lo que se quiere"… Pero esas creencias son propias del desconocimiento de la Ley y del proceso de aprendizaje en el destino.

Todo lo que corresponde al mundo del espíritu es fácil y fluye con libertad. Lo que nos resulta difícil o nos cuesta, es nuestro destino, o sea, aquello que tenemos que aprender. Cuando queremos hacer algo que nos gusta y no ocurre, es porque antes de eso, tenemos que pasar aun por el aprendizaje. Una persona desea abandonar por ejemplo un trabajo administrativo, para dedicarse al mundo de las terapias, que siente que es lo suyo; sin embargo no le vienen pacientes y necesita, por razones económicas, seguir en el trabajo administrativo. ¿Qué le está indicando esto? Que le falta amor o capacidad de servicio, y hasta que no la aplique en su trabajo actual, no se darán las circunstancias para que pueda dedicarse a las terapias. Cuando definitivamente, pueda expresar su amor o capacidad de servicio sin limitaciones, sin búsqueda de reconocimiento o miedos, es cuando se le abrirá el campo de las terapias.

Otra característica es la pérdida de la noción del tiempo. Cuando te encuentras sumido completamente en una actividad que te llena y entusiasma y luego descubres con asombro que han pasado horas, cuando, en realidad sientes que sólo fueron minutos, es que estás vibrando con tu Espíritu. En ese momento el tiempo humano se altera y uno se conecta con lo eterno.

La vida material nos lleva a pensar que nuestro talento nos tiene que dar dinero, fama o reconocimiento social. Sin embargo, en el mundo espiritual no es así. A veces, la misión de algunos es servir a otros, sin alcanzar fama o reconocimiento. En otros casos, la misión es cuidar, alimentar o educar a los demás. Cualquiera sea la forma que tome la misión, siempre nos dará felicidad, nos dé o no, dinero. Ahora bien, cuando cumplimos con nuestra misión, toda la vida se nos facilita; llegan a nosotros los medios para sustentarnos económica y emocionalmente. La pobreza no es una característica de la misión sino del destino. El que es rico espiritualmente jamás será pobre, y dispondrá de todo lo que necesita.

Para encontrar tu misión o propósito en la vida puedes hacer el siguiente ejercicio:

Anota las 5 características personales que más te gusten de ti mismo. Pueden ser muchas: creatividad, don de gentes, comunicación, etc. O dicho de otra manera ¿Cuál es tu don o dones?

A partir de aquí te preguntarás: ¿Cuál es tu visión ideal de tu mundo?

Ahora unirás las dos respuestas anteriores y las unirás en la siguiente frase:

El propósito de mi vida es usar mi (elige una característica o don personal anterior)

Para…

Y lograr…

Sin importar ¿de dónde venimos?, cada uno de nosotros tiene una misión que cumplir. Además, todos tenemos acceso al mundo de las posibilidades infinitas y la mayoría de las veces accedemos a él de manera espontánea.

Todo lo que se nos revela o llega a nuestra mente es para que lo utilicemos en algún momento. A veces, concebimos ciertas ideas que parecen imposibles de realizar; sin embargo, si han venido a nuestra mente es por algún motivo. La palabra imposible sólo significa que aún no es el tiempo, aunque eso que pensamos ya existe en otra realidad. Solo es cuestión de tiempo que aparezca en el mundo físico.

Ejemplo: A un niño que perdió a su madre y que su padre abandonó, siendo acogido por su tía, generó rabia, incomprensión y sufrimiento. Buscando respuestas, un día, vino a vernos, y después de explicarle por qué ocurren las experiencias de nuestra vida, haciéndole entender que el alma elige esas experiencias para superarse a sí mismo, comprendió el por qué había fallecido su madre y su padre era drogadicto. Entendió como liberar la mente y las emociones de la negatividad, con las leyes de polaridad y generación, para generar paz en su interior. Realizó la siguiente afirmación:

"Yo soy una esencia divina, oculta en mi interior. Pido que toda la desdicha, la oscuridad de los pensamientos negativos, acumulados en el interior por falta de comprensión, hoy la ley divina active mi esencia divina. Que el rencor, la posesión y la falta de amor, por la luz y el amor sean polarizados y sea neutralizado todo el dolor.

Hoy esencia divina, mi mente en acción, y mi sentimiento receptor, recibo tu presencia y creo dentro de mí, el amor y la paz, pues tengo en mí el poder creador. La Ley de generación gesta en mi la armonía, la paz, la luz, el amor, la salud, la prosperidad y el poder sentir dentro de mí a Dios".

Ejemplo: Una mujer acusaba a su pareja de inflexible y agresivo, y a su hijo de egoísta. Por otro lado, la mujer rechazaba a su madre y ésta a su vez, a la abuela. Encima, todos vivían en el mismo hogar y debían convivir. No se hablaban entre ellos. Cuando la mujer vino a vernos le explicamos cómo funciona la ley de generación, que podía crear un mundo de paz en su interior, donde hablaría internamente con todos, sin rabia ni agresividad, sin reproches. Que comenzara a respetar la experiencia de cada cual y con ello desarrollar la tolerancia.

Varios meses le llevó construir ese mundo interno, lo que ella deseaba para su hogar. Para ella, y también para otras personas, para las cuales, las oraciones juegan un papel importante, le sugerimos realizar las siguientes afirmaciones para reforzar su trabajo. Se trata de una técnica que sirve de soporte, aunque haya otras personas que prefieren no usarlas, y también consiguen similares resultados.

"Yo soy el poder de la ley de generación, gestando en mi interior la paz, la armonía y la comprensión. Yo soy el uso perfecto de mi poder divino. Me convierto en un imán en las relaciones familiares. Yo soy orden perfecto en la comunicación".

Con esta oración ella elevó su nivel vibratorio, entró en estado de paz y comprobó que empezaron a cambiar sus relaciones familiares. Por lo menos, aunque los demás mantenían actitudes similares, aunque no tan fuertes como antes, por lo menos a ella dejó de afectarles los comentarios y actitudes de sus familiares. Se dio cuenta que podía tomarse las cosas de otra manera y que esa elección estaba en su propia voluntad.

Un último aspecto a tener en cuenta, en el principio de generación, es la palabra. Es importante cuidar las palabras que pronunciamos. Cuando hablamos de problemas, los atraemos, nos veremos envueltos por ellos. Si hablamos de crisis, estaremos en crisis. La palabra es creadora. Es un verdadero reto para cada uno de nosotros, hablar siempre en positivo, pero es necesario. Podemos reconocer que existe crisis económica o de otro tipo, que está a nuestro alrededor, pero pensar que no formamos parte de la misma y dejar de pronunciar ciertas palabras. Podemos cambiar un "no" por un "puede ser", un "imposible" por "es posible", un "está mal" por "espero que mejore" y así sucesivamente.

Como complemento a lo tratado hasta ahora, dedicaremos el siguiente capítulo, a detallar los fundamentos científicos de cómo las emociones afectan a nuestro organismo.

XII
La química de las emociones

Según la psicología, las emociones son reacciones psico-fisiológicas que representan modos de adaptación a ciertos estímulos del hombre cuando ve algo o a una persona importante para él. Psicológicamente, las emociones alteran la atención, provocan ciertas conductas como respuestas del individuo, y activan redes asociativas relevantes en la memoria.

Fisiológicamente, las emociones organizan rápidamente las respuestas de distintos sistemas biológicos, incluidas las expresiones faciales, los músculos, la voz, los sistemas muscular y endocrino.

Cuando sentimos una emoción, nos movemos con determinada energía y tono muscular; producimos hormonas y neurotransmisores; nuestra reacción fisiológica se evidencia en el color de nuestra piel, nuestra frecuencia cardiaca y respiratoria.

En otras palabras, todo sentimiento o emoción, produce una química celular interna y produce una reacción, un movimiento. Esto ha dado lugar al desarrollo de un estudio llamado la bioquímica o química de las emociones, de lo cual hablaremos en los siguientes párrafos. Estos estudios constituyen el reconocimiento científico, en consecuencia, demostrable empíricamente, de cómo los pensamientos y emociones afectan a nuestro organismo y a partir de aquí como pueden generarse las enfermedades.

Etimológicamente, el término emoción viene del latín *emotio*, que significa "movimiento o impulso", "aquello que te mueve hacia…". Emoción, movimiento, motivo, motivación, son palabras que proceden de la misma raíz lingüística.

La química de nuestras emociones no placenteras (miedo, ira y tristeza), genera sensación de insatisfacción, el estado natural de stress, que nos mueve a retornar al placer; nuestros sistemas endocrino, neurológico e inmunológico, envían al torrente sanguíneo neurotransmisores y hormonas en dosis requeridas para que expresemos o simplemente, nos demos cuenta de nuestra emoción no placentera, y reaccionemos en la búsqueda del placer. Cuando retornamos a nuestro polo emocional placentero, nuestra química celular se restablece con la reducción de las sustancias anteriores y la emisión de neurotransmisores que favorecen el bienestar. Las emociones placenteras también tienen sus picos de expresión, con dosis altas de neurotransmisores de placer, y todos sabemos que su expresión es corta, porque no toleramos por mucho tiempo su carga química. Sin embargo después de los picos emocionales placenteros, quedamos recargados de energía, de bienestar, libres de miedos, sintiendo la emoción básica tan anhelada, la seguridad que espiritualmente se percibe como fe.

Con nuestra particular percepción de nosotros mismos y del mundo, hemos distorsionado nuestros sentimientos naturales, creando otras formas de sentir destructivas que generan enfermedad, dolor y sufrimiento innecesarios. Los psicólogos reconocen una serie de sentimientos aprendidos o generados a través de las experiencias vitales; como: miedo, inseguridad, desesperación, ansiedad, preocupación, angustia, confusión, prepotencia, hostilidad, agresividad, depresión, odio, soledad, celos, rencor, venganza, lástima, culpa, tristeza, envidia, resentimiento, impotencia, frustración e indiferencia. Estos sentimientos son nuestra creación y no corresponden a nuestros dones innatos. Todos ellos generan estados de stress crónico, un estado de sufrimiento innecesario, nuestro torrente sanguíneo permanece inundado de neurotransmisores y hormonas propias del stress, llegando a dosis tóxicas y a veces letales. Con estos sentimientos aprendidos lo único que atraemos inconscientemente a nuestra vida es enfermedad, fracaso y sufrimiento.

El proceso de evolución ahora nos llama a retornar al diseño original entrenándonos, re-aprendiendo o reactivando nuestra natural esencia, nuestra natural Inteligencia Emocional.

El proceso se inicia con la consciencia, en darte cuenta de lo que sientes y diferenciar tus sentimientos destructivos, de tus sentimientos sanos, al darte cuenta, retomas tu propósito para cada situación, y eliges conscientemente la emoción que te conduzca a ese propósito o deseo; se trata de ser efectivos, eficientes, hábiles y competentes para vivir con un propósito elevado nuestros procesos personales, nuestras relaciones y la vida misma.

El miedo, la ira y la tristeza forman parte de la vida, y creemos que no se pueden cambiar, pero el entrenamiento consiste en aceptarlas y madurar en su expresión sana, transmutando el propósito original del miedo, que es recibir protección en sentirnos seguros; de la ira, que es recibir comprensión, retornando al amor, y de la tristeza que es, recibir consuelo, en volver a la alegría. Protección, comprensión y consuelo, son las vitaminas del crecimiento emocional.

Sabemos ahora que las emociones y los pensamientos, tienen su expresión química en el cuerpo. Cada célula del organismo escucha y participa del diálogo interno. El cerebro responde a cada pensamiento con una química determinada, ya sea de alegría, de placer, de miedo, de alarma o de dolor.

Ininterrumpidamente, el cerebro envía y recibe mensajes de todo el cuerpo a través de diversos neurotransmisores. Recibe información de nuestros sentidos –vista, olfato, oído, tacto, etc.– pero también recibe una gran cantidad de información de las hormonas, entre ellas las sexuales (testosterona y estrógeno) y las llamadas hormonas 'del estrés', como la adrenalina y el cortisol. Las hormonas del estrés forman una compleja cadena, que al fluir en el torrente sanguíneo, hace un constante intercambio de mensajes, después de ser liberadas por las diferentes glándulas secretoras, como la pituitaria y las suprarrenales, y que, junto con el hipotálamo, se comunican recibiendo y enviando impulsos al cerebro.

La liberación de hormonas puede provocar grandes cambios en el organismo como: descargar la glucosa almacenada para dar energía, aumentar la presión sanguínea, alterar o inmovilizar el sistema muscular al aumentar el flujo sanguíneo, debilitar al sistema inmunológico desprotegiéndolo ante las enfermedades, e influir en el carácter de la persona, entre otros. Un neurotransmisor al ser liberado, solo comunica a una célula (neurona) cercana, mediante sinapsis. En cambio una hormona se comunica con otra célula sin importar lo lejos que esté, viajando a través del torrente sanguíneo. Un neurotransmisor, sería una hormona liberada por las neuronas. Aunque debido a sus características específicas, el neurotransmisor a menudo es considerado una forma de comunicación celular distinto de las hormonas, la distinción entre uno y otro es difusa. El neurotransmisor es una sustancia producida por una célula nerviosa capaz de alterar el funcionamiento de otra célula de manera breve o duradera.

El cerebro recibe los efectos de las hormonas liberadas por las glándulas y el mismo cerebro, respondiendo a estímulos externos e internos, envía información a las glándulas para secretar hormonas; se forma así un círculo. La adrenalina en el cerebro, activa centros nerviosos, tales como el centro de las emociones y el de la memoria. Un resultado importante de la liberación de adrenalina, es que afecta particularmente a un grupo de células cerebrales de forma almendrada, conocido como la amígdala cerebral. A la amígdala se le puede considerar como el mayor centro de mando emocional. Cuando hay actividad en ésta, es seguro que el sujeto está experimentando emociones. Además, entre más adrenalina llegue al cerebro, el recuerdo de la experiencia vivida en ese momento se fortalece, quedando fuertemente grabado en la memoria.

En la comunicación de información a distancia del cerebro hacia el organismo, juegan un importante papel los neuropéptidos .

Un neuropéptido es una cadena de aminoácidos, unidos por puentes peptídicos que se diferencian de otras proteínas sólo por la longitud de su cadena. Se han identificado hasta el momento alrededor de 100 neuropéptidos.

Su tamaño puede variar desde 2 aminoácidos, como por ejemplo la lacarnocina, hasta más de 40 aminoácidos, como la CRH (*hormona liberadora de corticotrofina*). Tienen función tanto excitadora como inhibidora.

Los neuropéptidos, que también se llaman neuro-moduladores, se pueden agrupar en varios grupos. También se conocen otros transmisores de información como la Adrenalina y la noradrenalina, la Dopamina, la Serotonina, la Histamina, etc.

Lo que importa destacar en esta capitulo, es que según el tipo de pensamiento que tengamos, según el área del cerebro, o dicho de otra forma, el grupo de neuronas que se active, habrá un tipo de química correspondiente.

Un ejemplo claro lo constituye el estrés. El exceso de problemas, pensamientos negativos, obligaciones, etc. enciende los mecanismos de alarma; el sistema neuro-vegetativo simpático se prepara para la lucha y la huida, y por consiguiente, el cuerpo produce una química acorde a la situación; es como prender todas las luces de la casa todo el tiempo, cuando no hace falta. Resultado: el sistema se desgasta, se quema rápido, y en el caso del organismo se pierde eficacia y se puede originar un trastorno o enfermedad.

La preocupación y la frustración, generan un tipo de química; la calma y la aceptación otra. Un pensamiento positivo tiene una química. Uno negativo, otra. A su vez, esta química generará pensamientos y emociones positivas o negativas, en un sistema de retroalimentación permanente.

Aunque creamos que nadie escucha lo que pensamos, las células de todo el cuerpo si lo hacen, lo perciben todo, ya que cuerpo y mente, son diferentes expresiones de una misma realidad.

Sometido a tensión, ansiedad o dicha, un nervio que va del cerebro a las glándulas suprarrenales, situadas encima de los riñones, provoca la secreción de las hormonas epinefrina y norepinefrina; estas mismas activan los receptores del nervio vago, y este transporta mensajes desde el cerebro, para regular el corazón, y lleva señales de vuelta al cerebro, provocadas por estas mismas dos hormonas.

El sistema inmune es otro ejemplo. Se han descubierto en la membrana de los linfocitos y otras células de defensa, receptores para estos neuropéptidos, de manera que el estado emocional de la persona influye directamente sobre su sistema defensivo, es decir, sobre la capacidad de resistencia a las enfermedades y el control y eliminación de células y microorganismos nocivos. Ciertas enfermedades como el cáncer, infecciones, o incluso gripes, aparecerán más fácilmente si el sistema inmunológico está más bajo.

Por eso la higiene emocional es tan importante como la higiene corporal. Se trata de limpiar y eliminar cotidianamente los viejos sentimientos, los miedos, las preocupaciones, la ansiedad y los pensamientos negativos, y reemplazarlos por una nueva manera de percibir al entorno y a nosotros mismos. Con motivación y de manera positiva. Este simple y trascendental acto, generará un torrente de sustancias químicas y energía, que no solo fortalecerá el sistema inmune, sino que será fuente de salud y felicidad.

Un solo pensamiento positivo tiene el poder de cambiar la realidad y transformar nuestra vida. Y esto es un hecho científico. Cuando nos situamos en la tranquilidad de la mente y el pensamiento, en un estado de relajación mental, nos situamos en la fuente de la creatividad y la sabiduría profunda. Eso constituye la mejor manera de hacer higiene mental. Necesitamos momentos de silencio, calma y prácticas de relajación o meditación para serenar la mente.

En este capítulo en que tratamos acerca de sustancias químicas vamos a referirnos a algunas bio-moléculas, a compuestos químicos de nuestras células, que abundan en el organismo y que nos acompañan a lo largo de nuestra vida, con sus avatares y sus emociones. Vamos a tratar de la química de las emociones, de los compuestos que intervienen en las sensaciones relacionadas con ellas. Hay muchas clases de emociones pero una muy común es cuando hablamos de "enamoramiento".

¿Por qué nos enamoramos de una determinada persona y no de otra? ¿Qué le pasa a la química de nuestros sistemas y tejidos, cuando nos ocurre eso tan maravilloso que suele sucedernos a todos alguna vez en la vida, y que consiste en sentirnos enamorados?

La adrenalina incrementa la presión sanguínea, acelera el ritmo cardíaco hasta 130 pulsaciones por minuto.

La alta presión sanguínea provoca el síntoma de las palmas sudorosas y de los rubores, de las primeras etapas del enamoramiento, mientras que la respiración más profunda, lleva a oxigenar más el cuerpo, dándole más energía y provocando a veces una sobredosis de oxígeno, uno de esos momentos donde nos sentimos flotar, llenos de energía, dispuestos a comernos el mundo.

La existencia elevada de noradrenalina en el cuerpo provoca excitación sexual y una elevación del humor y hace que nos sintamos seguros y a gusto, cuando compartimos momentos con la persona que consideramos especial. El deseo sexual responde primordialmente a la testosterona, la hormona "masculina". Esta hormona es de vital importancia tanto en los hombres como en las mujeres, pues los niveles altos de esta hormona van de la mano del impulso sexual. El cuerpo produce testosterona si nuestra mente conecta con la de otro en la sintonía del amor.

Los padecimientos y goces del amor se esconden, irónicamente, en esa ingente telaraña de nudos y filamentos que llamamos sistema nervioso autónomo. En ese sistema, todo es impulso y oleaje químico. Aquí se asientan los orígenes de un montón de emociones: el miedo, el orgullo, los celos, el ardor y, por supuesto, el enamoramiento. A través de nervios microscópicos, los impulsos se transmiten a todos los capilares, folículos pilosos y glándulas sudoríparas del cuerpo. El organismo entero está sometido al bombardeo que parte de este arco vibrante de nudos y cuerdas. Las órdenes se suceden a velocidades de vértigo: ¡constricción!, ¡dilatación!, ¡secreción!,… Todo es urgente, efervescente, impelente… Aquí apenas manda el intelecto, ni la fuerza de voluntad. Es el reino "hago lo que siento", de las atracciones y repulsiones. Territorio donde la razón es una intrusa.

Todos estos procesos hormonales que modulan el comportamiento humano en sus relaciones amorosas y sexuales, se han ido estudiando con el desarrollo de la Fisiología, primero, y de la Bioquímica, después, a lo largo del siglo XX. Sin embargo, hace apenas 25 años que se planteó el estudio del amor como un proceso bioquímico que se inicia en la corteza cerebral, pasa a las neuronas y de allí al sistema endocrino (ya se han descrito antes algunos procesos hormonales relacionados), dando lugar a respuestas fisiológicas intensas. El verdadero enamoramiento parece ser, que sobreviene cuando se produce en el cerebro una molécula orgánica, la Fenil-Etil-Amina (FEA). Ese estado de felicidad y euforia que manifiesta el enamorado está provocado por la mencionada molécula. Curiosamente, se habla del efecto afrodisiaco del chocolate, y es que este alimento contiene un elevado contenido en fenil-etil-Amina.

Comúnmente conocida como la "molécula del amor", la FEA es un estimulante natural, similar a una anfetamina y a ella se debe la excitación que sienten las personas enamoradas. Las sensaciones que comentábamos antes como el rubor, la transpiración excesiva en la palma de las manos, el pulso acelerado y la respiración agitada son explicadas clínicamente como un caso de sobredosis de FEA. Pero eso no es todo: los investigadores han agrupado las sensaciones de la relación amorosa en tres etapas: deseo, atracción y afecto; y en todas ellas intervienen factores químicos de manera muy decisiva. La secreción de FEA inicia una cadena de reacciones en el cerebro. El efecto primario de la FEA es estimular la secreción de dopamina, un compuesto neurotransmisor que tiene el efecto de hacernos sentir bien, relajados, y es el responsable de los mecanismos de refuerzo del cerebro.

La dopamina afecta los procesos cerebrales que controlan el movimiento, la respuesta emocional y la capacidad de desear algo, y de repetir un comportamiento que proporciona placer. La secreción de dopamina, estimulada por la FEA, induce un proceso de aprendizaje positivo en el cerebro, que es el responsable último de transformar, lo que era un simple deseo con fines sexuales, en algo mucho más profundo, la atracción mutua. La dopamina refuerza el impulso que repite el estímulo y así nacen las relaciones entre dos enamorados. Asimismo se estimula la producción de oxitocina, a la que también se conoce comúnmente como "la hormona de los mimos". Esta hormona, además de estimular las contracciones uterinas para el parto y provocar la secreción de la leche, es un mensajero químico en el deseo sexual. Estos compuestos combinados hacen que los enamorados puedan crear los lazos afectivos en una pareja.

Al ser estimulados sus receptores por la oxitocina, se dispara la contracción del músculo uterino para que éste pueda cumplir con sus funciones y no sólo en el trabajo del parto. Los efectos de la oxitocina no se limitan a las mujeres; en los hombres, bajas concentraciones de esta sustancia colaboran en las funciones propias de su órgano sexual. Por otra parte, la oxitocina promueve las conductas maternales, es la razón por la que nos mantenemos unidos a nuestra pareja, después de que los signos de las primeras etapas del enamoramiento hayan pasado. Elevada concentración de esta hormona tiene efectos no deseados, pues puede llegar a inhibir la actividad sexual, y esto es lo que sucede en los períodos en los que los hombres no pueden recobrar la excitación sexual, en buena medida debido a las grandes cantidades de oxitocina que ingresan a su torrente sanguíneo. Como último efecto a mencionar, la oxitocina puede también inducir el sueño cuando se encuentra acompañada de otra hormona, la vasopresina.

Unas de las hormonas más interesantes para nosotros son las endorfinas. La endorfinas podrían llamarse las moléculas de la felicidad, porque son las que permiten a las personas disfrutar de la vida, sentirse deleitados por muchas cosas y resurgir con facilidad de las crisis personales sin demasiadas cicatrices emocionales y además, ayudan a disminuir el umbral del dolor.

Piensa en algo que verdaderamente ames, y cuando ese pensamiento haga surgir una sonrisa en tu cara, sabrás lo que son las endorfinas. De hecho, si priváramos por completo a una persona de endorfinas, no sentiría placer por nada. Los maestros espirituales están llenos de endorfinas, dado que siempre están alegres.

La acción de estas hormonas es parecida al efecto del opio o las amapolas. Pero, a diferencia de estas, las endorfinas no producen ningún tipo de adicción, esto hace que aquellas personas que consiguen liberar de manera habitual este neurotransmisor, consigan un estado de bienestar sin ningún tipo de consecuencias negativas.

Además esta sustancia se relaciona con el efecto placebo, pudiendo ser la responsable de la sensación de bienestar que experimentan algunas personas cuando consumen píldoras recetadas por su médico que en realidad no tienen ningún principio activo, o recurren a medicinas alternativas sin ningún efecto real ni demostrable.

Hay muchos mecanismos para conseguir aumentar los niveles de endorfinas: practicar ejercicio, consumir pequeñas cantidades de alcohol (cantidades excesivas pueden provocar el efecto opuesto), la luz ultravioleta, respirar aire sano en la naturaleza, participar de la alegría de una reunión o la comida picante son algunos de los métodos conocidos.

Relación entre enfermedades y neurotransmisores

* Ansiedad: Disminución de la actividad del Gaba (ácido gamma-aminobutírico que es el principal neurotransmisor inhibitorio cerebral. Deriva del ácido glutámico.

* Depresión: Reducción de la noradrenalina. También actúan la acetilcolina y otras hormonas.

* Dolor. Lo estimulan las bradicinas y lo reducen las endorfinas.

* Alzheimer: La acetilcolina, interviene en la destrucción de las células cerebrales, características de esta enfermedad

* Parkinson: Disminución de dopamina y metencefalina, lo que origina una hiperactividad de la acetilcolina.

* Epilepsia: Actividad disminuida del Gaba.

* Esquizofrenia: Incremento de la síntesis y de los receptores de la dopamina

XIII
La visión de la vida según las
Leyes Herméticas

Como resumen podemos establecer lo siguiente. Hablamos de un conocimiento que se revelaba en las antiguas escuelas de misterios de la antigüedad, llamadas también herméticas, donde se enseñaba a los alumnos el sentido de la vida y todos sus procesos.

En el momento en que como partículas de conciencia nos separamos del Todo, Dios, la Fuente, Absoluto, o como queramos llamarlo, olvidamos nuestro origen, dejamos de recordar quienes somos. A partir de ahí, formamos ideas falsas que generan orgullo, egoísmo, deseo de dominar al mundo, sin tomar en cuenta si perjudicamos o dañamos a otros. Olvidamos que todos formamos parte del mismo ser o el Todo. Caemos en la ignorancia y sin el recuerdo, comenzamos a matarnos, abusamos del poder, etc. La Tierra se ha convertido en un planeta escuela, donde aprenderemos a cambiar la vibración, disolver las falsas creencias, poder gobernar la mente y las emociones, neutralizar con luz o información los opuestos, y disolver errores al reconocer la causa y el efecto.

Comprender finalmente que el Todo o Dios, está en nuestro interior y en el de los demás. Reconocer la Ley en cualquier manifestación. Descubrir que las guerras y conflictos no nos llevan a la paz. Finalmente salir del laberinto de la vida, Maya, el mundo ilusorio y encontrarnos con el camino real.

Gracias a sucesivas reencarnaciones, y a almas avanzadas que nos ayudan en nuestra evolución, se nos permite la oportunidad de abrir los sellos cerrados, que contienen la información de sabiduría guardada secretamente. Nos damos cuenta que el secreto de ese camino es la unión con la energía primordial.

Cuando reconocemos que somos un ser de luz dentro de unos sistemas y cuerpos, podemos conectarnos con la intención que activa el principio del Mentalismo, activa la célula pensante, madre creadora, que contiene toda la esencia para materializar, todo aquello que visualizamos. Con la mente creativa, vemos dentro de esas sustancia dadora de vida, y podemos materializar, precipitar y activar la ley de atracción. Es decir, si soy un ser de luz, hijo de la esencia y tomo conciencia de mi Madre-Origen y me fundo con ella, todo lo que pienso e imagino, lo estoy creando en el mismo momento que lo estoy visualizando.

SER =

S = Servidor de información. Sabiduría.

E = Energía. Espiral logarítmica. Emanaciones. Enseñanza. Espiritual. Eternidad, Esencia.

R = Redes. Redimir. Reunir. Restaurar. Rey. Radar.

Todo lo creado dentro de esa membrana célula madre, lo voy a tener, siempre y cuando sea creado desde el Ser con amor, respetando las leyes universales. No desde el deseo del ego. Si estamos intermediando por otra persona, entonces debo pedir permiso al Ser superior del otro siempre que la ley de correspondencia le permita recibir lo que se pide.

Respetaremos las leyes de causa y efecto y de la evolución de cada ser. Si nos corresponde por Ley, se precipitará y materializará aquello que pensamos.

Debemos tener en cuenta que la responsabilidad existe y controla todo lo que creamos. Si hacemos mal uso de la pura esencia creadora, crearemos distorsión y consecuencias negativas. La sustancia cósmica es inteligente y nos concede las cosas que por correspondencia están en nuestro destino. Si quieres un coche que te puede llevar a un accidente, y no te corresponde por destino, ese coche no se materializará.

AMOR =

A = Alianza. Armonía. Alegría. Alma. Arca. Arcano

M = Matriz. Manantial. Motricidad. Magnetismo.

O = Orden. Origen

R = Redimir. Recuperar el origen

Seamos agradecidos. Todo lo que experimentamos debemos vivirlo con gratitud, así elevamos la frecuencia vibratoria para ponernos en contacto con la sustancia divina que otorga los dones, la purísima energía virginal. Esta energía nos ayuda a conseguir todo lo que necesitamos para servir al Universo, y para sanarnos de todo lo distorsionado y malformado, por los momentos del pasado, creados con ignorancia por no saber ser y usar estos principios.

DIOS =

D = Dador. Danzante. Duradero. Día.

I = Información. Iluminación. Iniciación. Interconexión. Idea.

O = Ordenar. Organizar. Orientar. Oro. Origen.

S = Saber. Servir. Sentir. Sonido. Ser

Dios es la luz primordial que ordena todo el cosmos y nuestra vida, equilibrando, compensando, nuestra energía desordenada. Cuando pedimos la interconexión y la luz, nuestra mente se conecta inmediatamente con la mente suprema. Siendo uno con la luz, desaparece la oscuridad, el sufrimiento, la enfermedad, que estaba grabada en los registros.

La luz tiene toda la información, conocimiento y poderes. Aparta las sombras que nos engañan en el camino ascendente.

Pidamos que se abran las puertas del alma para que sea purificada e iluminada. La luz te llena. Recordemos que nos creó nuestra llama. Ahora mora en el interior, tiene todo el poder para liberarnos de las causas pasadas, guardadas en los registros del alma.

Recordemos que en el corazón se encuentra la armonía perfecta, el poder infinito, el amor y la sabiduría, para transmutar todo lo genéticamente heredado. Entre el cielo que contiene la verdadera esencia, y la tierra, podemos avanzar y alcanzar el estado divino.

El sabio a medias, reconociendo la irrealidad relativa del Universo, se imagina que puede desafiar sus leyes, ése no es más que un tonto vano y presuntuoso, que se estrellará contra las rocas y será aplastado por los elementos, en razón de su locura. El verdadero sabio, conociendo la naturaleza del universo, emplea la Ley contra las leyes: las superiores contra las inferiores, y por medio de la alquimia, transmuta lo que no es deseable, en lo valioso y de esta manera triunfa. La maestría consiste, no en sueños anormales, visiones o imágenes fantasmagóricas, sino en el sabio empleo de las fuerzas superiores contra las inferiores vibrando en los más elevados. La transmutación (no la negación presuntuosa), es el arma del Maestro.

Este último texto del Kybalión nos recordará dos cosas: una, que el sabio o maestro habrá renunciado a su propio ego, reconociendo y aplicando en su vida el conocimiento de las leyes del univer-

> **El desarrollo espiritual es el desarrollo de la conciencia, la comprensión y el amor**

so: Dos, que el desarrollo espiritual no se medirá por la cantidad o clase de experiencias místicas del alumno, como visiones, sueños extraordinarios y demás, sino en su calidad humana, en su conocimiento y aplicación de los principios herméticos a la vida cotidiana. Que el desarrollo espiritual es el desarrollo de la conciencia, la comprensión y el amor.

Respecto a la primera cuestión, hay una primera clave para alcanzar el amor, la paz y la felicidad, y que consistirá en el abandono del Ego. Por ello el texto nos señala que es un "sabio a medias" o presuntuoso, el que cree que todo lo consigue por sí mismo. El Ego cree que puede conseguir las cosas con su esfuerzo, sin respetar a nadie ni tomar en cuenta la existencia de leyes superiores. En nuestros días, el ego está muy desarrollado, incluso entre la gente que aparentemente se dedica a temáticas espirituales o de desarrollo personal. El texto que conocemos actualmente como Kybalión, fue redactado por "tres iniciados", es decir, seres anónimos. Cumpliendo el requisito de la humildad, renunciando a la fama o al reconocimiento personal, en definitiva, abandonando su ego o protagonismo.

En nuestra sociedad, por el contrario, estamos rodeados de ansias de poder, protagonismo y soberbia. Cuando nos creamos importantes, auto suficientes, o nos sintamos superiores a los demás, reconoceremos que detrás de esas actitudes, se esconde siempre el Ego. La actitud contraria consistiría en: reconocer que somos instrumentos de un poder superior, comprender que nos necesitamos mutuamente unos a otros, y que nadie es independiente de modo absoluto, reconocer finalmente, que todos estamos en un determinado escalón de evolución, y que nadie es más que nadie. Cada cual tiene unas características propias y cierto nivel de información. A medida que el sabio avanza en su nivel de comprensión, se da cuenta de lo poco que sabe, dado que comprende que le queda mucho más por saber, que lo que ya conoce. De ahí la famosa frase de Sócrates "sólo sé que no sé nada". El ignorante en cambio, en su propia ceguera, cree que lo sabe todo y no tiene necesidad de aprender nada más.

Respecto a la segunda cuestión, el texto nos cita a la alquimia y nos habla repetidamente de transmutación. Precisamente, el propósito de la alquimia era la transmutación del plomo de la personalidad, en el oro del espíritu. Transmutar es cambiar, o convertir una cosa en otra. Por tanto, no solo se refiere a que algo suba de valor sino que exista un cambio radical en la sustancia. La frase "la alquimia es el arte de la transmutación mental" es la clave para entender que dicha ciencia, nada tiene que ver con experimentos de laboratorio, o la química actual, aunque usara ciertas analogías relacionadas con metales y sustancias.

En la actualidad la confusión acerca del desarrollo espiritual sigue muy extendida. Cuando aparece alguien que dice tener contacto directo con seres superiores, uno que ha tenido unas visiones especiales u otro que ha vivido una experiencia con seres fallecidos, médiums, videntes, y aparentes guías, son tomados como gente muy desarrollada, quedando después la gente decepcionada al ver los fraudes, los pocos escrúpulos, o la falsedad de quienes predicaban tales cosas. Falsos gurús, guías y adivinos, aparecen por doquier. Buscamos siempre fuera la solución, en lugar de buscar un cambio interior y un desarrollo por nosotros mismos. La solución fácil es la que nos ofrecen los demás, pero eso no será nunca la solución.

El texto final del Kybalión nos indicará a modo de resumen esta verdad, tan comentada como poco comprendida: Busca dentro de ti mismo y no fuera porque ahí está toda la verdad.

A veces las personas están tan desesperadas porque no consiguen lo que quieren, o se sienten tan agobiados por sus parejas o familias, que se encierran en un pensamiento destructivo diciendo: "no saldré, no puedo vivir, así no quiero seguir, ..." y efectivamente llegaron al límite, a una saturación. Acuden finalmente a pedir ayuda, y cuando se les habla del desarrollo de las leyes, como usarlas día a día, creen que eso es imposible o muy difícil.

Les decimos que hay que entregar el libre albedrío a los ángeles guardianes de las leyes de purificación, del amor y la correspondencia, para que nos preparen y entrenen en esas prácticas, debiendo ejercitarnos como si practicáramos un deporte. Los deportistas tienen que entrenar diariamente, y su entrenador les aconseja lo que tienen que hacer, pero no hace el trabajo por ellos.

Igual ocurre con las leyes espirituales. Debemos observarnos, limpiar nuestros miedos y pensamientos, hábitos, costumbres, todo lo que hasta ahora habíamos aprendido a ser y hacer. A través de las herramientas que suponen las leyes o principios herméticos, desarrollaremos la comprensión y la certeza que dentro de nosotros está el poder mágico para cambiar nuestra vida. Pero ese trabajo es individual e intransferible. Nadie puede hacerlo por nosotros.

Después de estas explicaciones, por lo general, las personas se animan a probar y comprueban que la densidad de sus vidas se disuelve, hasta lograr la armonía y la paz. A partir del momento en que se encuentran con la paz interior, dejan de esperar que la pareja o los demás les den algo, dejan de culpar a otros de sus desdichas y culpabilizarse. Aprender a actuar sin exigir, agobiar o reprochar. Este estado se contagia entonces a los demás, y se comienza a descubrir el sentido de la vida. Todo comienza a fluir, la buena suerte, la salud y la prosperidad material y espiritual. Ese es nuestro mensaje.

Nuestro objetivo en la tierra es convertirnos en reyes de nuestra propia vida, a través de la rectitud, el amor y la virtud. Esto nos lleva a alcanzar el Reino de Dios en la tierra, para alcanzar todo lo que necesitamos y obtener la felicidad.

Nosotros damos testimonio de haber puesto en práctica los principios tratados en este libro y haber alcanzado excelentes resultados, tanto en el ámbito de las relaciones humanas, como en el tema laboral, profesional y económico. Que el cambio interior es posible, así como la manera de enfocar la vida y cómo afrontar los problemas y dificultades; que en definitiva, el cambio de conciencia nos lleva a estar más serenos, en paz, a ser más amorosos y en fin, a ser más felices, que en última instancia, conscientemente o no, es el deseo de todo ser humano, es también nuestro deseo para ti, que has llegado al final de la lectura de esta obra. Te deseamos mucha felicidad y prosperidad.

Made in the USA
Monee, IL
07 July 2026

56552853R00111